Todos los libros de Linkgua Ediciones cuentan con modelos de Inteligencia Artificial entrenados por hispanistas. Pregúntale al chat de tu libro lo que desees acerca de la obra o su autor/a.

Para ebooks: Accede a nuestro modelo de IA a través de este enlace.

Para libros impresos: Escanea el código QR de la portada con tu dispositivo móvil.

Obtén análisis detallados de nuestros libros, resúmenes, respuestas a tus preguntas y accede a nuestras ediciones críticas generativas para una experiencia de lectura más enriquecedora.
La transparencia y el respeto hacia la autoría de las fuentes utilizadas son distintivos básicos de nuestro proyecto. Por ello, las respuestas ofrecen, mediante un sistema de citas, las fuentes con las que han sido elaboradas.

Juan de Betánzos

Suma y narración de los incas

Edición anotada por Marcos Jiménez de la Espada

Barcelona 2024
Linkgua-ediciones.com

Créditos

Título original: Suma y narración de los incas.

e-mail: info@linkgua.com

Diseño de la colección: Michel Mallard.

ISBN rústica ilustrada: 978-84-9007-184-7.
ISBN tapa dura: 978-84-9007-961-4.
ISBN ebook: 978-84-9007-135-9.

Sumario

Brevísima presentación

La vida

Juan de Betanzos escribió en Cuzco alrededor de 1551 la que se considera una de las primeras obras de carácter indigenista. *Suma y Narración de los Incas* narra de forma directa la historia de las culturas desarrolladas en los territorios andinos desde milenios atrás y también relata minuciosamente el encuentro con los españoles. Fue escrita muy poco después de haber sido conquistado el Imperio inca, a partir de los testimonios orales de ancianos que guardaban la memoria del pasado.

Juan de Betanzos se casó con la esposa principal de Atahualpa, lo que le permitió relacionarse con las elites indígenas y conocer las leyes y el orden social de ese mundo.

Suma y narración de los Incas[1]

que los indios llamaron Capaccuna, que fueron Señores en la ciudad del Cuzco, y de todo lo a ella sujeto, que fueron mil leguas de tierra, las cuales eran desde el río de Maule, que es delante de Chile, hasta de aquella parte de la ciudad del Quito; todo cual poseyeron y señorearon hasta que el marqués don Francisco Pizarro lo ganó y conquistó y puso debajo del yugo y dominio real de Su Majestad, en la cual Suma se contiene la vida y hechos de los Incas Capaccuna pasados. Agora nuevamente traducido y recopilado de lengua india de los naturales del Perú por Juan de Betánzos, vecino de la gran ciudad del Cuzco. La cual Suma e historia va dividida en dos partes.[2]

Tabla de los Incas y Capaccuna, Señores que fueron destas provincias del Perú.

1.º Mango Capac [Manco Capac].
2.º Chincheroca [Sinchi Roca], su hijo.
3.º Lloque Yupanque [Lloque Yupanqui], su hijo.
4.º Capac Yupanque [Capac Yupanqui], su hijo.
5.º Mayta Capac, su hijo.
6.º Yngaroca Inga [Inca Roca Inca], su hijo.
7.º Yaguar Guacac Inga Yupanque [Yahuar Huacac Inca Yupanqui], hijo mayor.
8.º Viracocha Inga [Huiracocha Inca], su hijo.

1 La presente edición se basa en la de Marcos Jiménez de la Espada de 1880. (N. del E.)

2 Todo lo que en este epígrafe se anuncia desde la vuelta de Inca Yupanqui al Cuzco, falta en el texto del capítulo. Debió ser distracción de Betánzos; porque, según su historia, Viracocha no muere ni debe morir hasta el cap. XVII.

9.º Ynga Yupanque Pachacuti Ynca [Inca Yupanqui Pachacutec Inca], hijo menor.

10.º Yamque[3] Yupanque [Inca Yupanqui].

11.º Topa Inga Yupanque [Tupac Inca Yupanqui].

12.º Guayna Capac [Huaina Capac].

13.º Atagualpa [Atahuallpa], ¿su hermano? Los que después de la muerte de Atagualpa nombró el marqués Yngas: Topa Gualpa [Tupac Huallpa], Mango Ynga [Manco Inca].

El que nombraron los capitanes de Mango Inga: Saire Topa [Xairi Tupac], que agora está en las montañas.

Al Ilustre y Excelentísimo señor don Antonio de Mendoza, Visorey y Capitán general por Su Majestad en estos reinos y provincias del Perú.

Ilustrísimo y Excelentísimo Señor: Acabado de traducir y recopilar un libro que Doctrina cristíana se dice, en el cual se contiene la doctrina cristíana y dos Vocabularios, uno de vocablos, y otro de noticias y oraciones enteras y coloquios y confisionario, quedó mi juicio tan fatigado y mi cuerpo tan cansado, en seis años de mi mocedad que en él gasté, que propuse, y había determinado entre mí, de no componer ni traducir otro libro de semejante materia en lengua india, que tratase de los hechos y costumbres destos indios naturales del Perú, por el gran trabajo que dello vi que se me ofrecía y por la variedad que hallaba en el informarme destas cosas, y ver cuán diferentemente los conquistadores hablan dello, y muy lejos de lo que los indios usaron; y esto creo yo ser, porque entonces, no tanto se empleaban en sabello, cuanto en sujetar la tierra y adquirir; y también, porque, nuevos en el trato de los indios, no sabrían inquirillo

3 Yamque o Yamqui es nombre que equivale a título de alta y rancia nobleza; pero aquí creo que lo puso el copiante por equivocación en lugar de Inca.

y preguntallo, faltándoles la inteligencia de la lengua, y los indios, recelándose, no sabrían dar entera relación. Fácil cosa podría parecer escribir semejantes libros, y muy difícil contentar al lector; porque los ojos, conténtanse con que sea bien legible la letra, mas, el delicado, y experimentado juicio de Vuestra Ilustrísima Señoría requería estilo gracioso y elocuencia suave, lo cual ya, para presente y servicio que yo a Vuestra Excelencia hiciese, en mi falta, y la historia de semejante materia no da lugar, pues para ser verdadero y fiel traducidor, tengo de guardar la manera y orden del hablar de los naturales. Y viniendo al propósito, digo, que en esta presente escritura algunos ratos empleará Vuestra Excelencia los ojos para leella, la cual, aunque no sea volumen muy alto, ha sido muy trabajoso; lo uno, porque no le traduje y recopilé siendo informado de uno solo, sino de muchos, y de los más antiguos y de crédito que hallé entre estos naturales; y lo otro, pensando que había de ser ofrecida a Vuestra Excelencia. Hame sido también muy penosa, por el poco tiempo que he tenido para ocuparme en ella, pues para el otro libro de la Doctrina era menester todo; y sobre todo, añadióse al trabajo haber de dar fin a este libro en breve, agora que Vuestra Excelencia me lo mandó. Los nombres de los Ingas que los indios llamaron Capaccuna, que a su entender quiere decir, que mayor no lo hay ni puede haber, y cuyos hechos y vidas aquí escribo, la tabla de los cuales se hallará en fin de este prólogo, si alguno me quisiere redargüir que en la materia deste libro hay algo superfluo o que dejé algo de decir por olvido, será sin motivo, dicho de indios comunes que hablan por antojo o por sueños, que así lo suelen hacer, o porque a los tales reprendedores les parecía, cuando se informaban, que los indios comunes querían decir lo que ellos agora afirman contando estas cosas, no lo entendiendo retamente. Ni aun las lenguas, en los tiempos pasados, no sabían inquirir y preguntar lo que ellos pretendían saber y ser informados. Bien veo ser niñerías y vanidades lo que estos indios usaban y yo escribo aquí; mas, relatarlas yo siendo mandado, tengo de traducir como ello pasaba; y por tanto este libro reciba favor de Vuestra Excelencia.

Excelentísimo Señor: La vida y estado de Vuestra Excelencia, Nuestro Señor prospere con mucha felicidad.

Capítulo I. Que trata del Con Tici Viracocha,[4] que ellos tienen que fue el Hacedor, y de cómo hizo el cielo y tierra y las gentes indios destas provincias del Perú

En los tiempos antiguos, dicen ser la tierra y provincia del Perú oscura, y que en ella no había lumbre ni día. Que había en este tiempo cierta gente en ella, la cual gente tenía cierto Señor que la mandaba y a quien ella era sujeta. Del nombre desta gente y del Señor que la mandaba no se acuerdan. Y en estos tiempos que esta tierra era toda noche, dicen que salió de una laguna que es en esta tierra del Perú en la provincia que dicen de Collasuyo, un Señor que llamaron Con Tici Viracocha, el cual dicen haber sacado consigo cierto número de gentes, del cual número no se acuerdan. Y como este hubiese salido desta laguna, fuese de allí a un sitio ques junto a esta laguna, questá donde hoy día es un pueblo que llaman Tíaguanaco, en esta provincia ya dicha del Collao; y como allí fuese él y los suyos, luego allí en improviso dicen que hizo el Sol y el día, y que al Sol mandó que anduviese por el curso que anda; y luego dicen que hizo las estrellas y la Luna. El cual Con Tici Viracocha, dicen haber salido otra vez antes de aquella, y que en esta vez primera que salió, hizo el cielo y la tierra, y que todo lo dejó oscuro; y que entonces hizo aquella gente que había en el tiempo de la oscuridad ya dicha; y que esta gente le hizo cierto deservicio a este Viracocha, y como della estuviese enojado, tornó esta vez postrera y salió como antes había hecho, y a aquella

4 Aunque en todo el MS., que nos sirve de original se halla este nombre escrito constantemente Contitiviracocha, nosotros seguimos a la mayoría de las autoridades en la materia, que escriben tizi, tici, ticci, tizci y ticsi. Bien es verdad que la segunda t del titi de Betánzos, puede ser una tz o t suave, como la de los vascongados e ingleses.

gente primera y a su Señor, en castigo del enojo que le hicieron, hízolos que se tornasen piedra luego.

Así como salió y en aquella misma hora, como ya hemos dicho, dicen que hizo el Sol y día, y Luna y estrellas; y que esto hecho, que en aquel asiento de Tíaguanaco, hizo de piedra cierta gente y manera de dechado de la gente que después había de producir, haciéndolo en esta manera: Que hizo de piedra cierto número de gente y un principal que la gobernaba y señoreaba y muchas mujeres preñadas y otras paridas y que los niños tenían en cunas, según su uso; todo lo cual así hecho de piedra, que lo apartaba a cierta parte; y que él luego hizo otra provincia allí en Tíaguanaco, formándolos de piedras en la manera ya dicha, y como los hubiese acabado de hacer, mandó a toda su gente que se partiesen todos los que él allí consigo tenía, dejando solos dos en su compañía, a los cuales dijo que mirasen aquellos bultos y los nombres que les había dado a cada género de aquellos, señalándoles y diciéndoles: «éstos se llamarán los tales y saldrán de tal fuente en tal provincia, y poblarán en ella, y allí serán aumentados; y éstos saldrán de tal cueva, y se nombrarán los fulanos, y poblarán en tal parte; y así como yo aquí los tengo pintados y hechos de piedras, así han de salir de las fuentes y rios, y cuevas y cerros, en las provincias que así os he dicho y nombrado; e iréis luego todos vosotros por esta parte (señalándoles hacia donde el Sol sale), dividiéndoles a cada uno por sí y señalándoles el derecho que deba de llevar.»

Capítulo II. En que se trata cómo salieron las gentes desta tierra por mandado de Viracocha y asimismo de aquellos sus viracochas que para ello enviaba; y como el Con Tici Viracocha asimismo se partió, y los dos que le quedaron, a hacer la misma obra, y cómo se juntó, al fin de haber esto acabado, con los suyos, y se metió por la mar, adonde nunca más le vieron

Y así se partieron estos viracochas que habéis oído, los cuales iban por las provincias que les había dicho Viracocha, llamando en cada provincia, así como llegaban, cada uno de ellos, por la parte que iban a la tal provincia, los que el Viracocha en Tíaguanaco les señaló de piedra que en la tal provincia habían de salir, puniéndose cada uno destos viracochas allí junto al sitio do les era dicho que la tal gente de allí había de salir; y siendo así, allí este Viracocha decía en alta voz: «Fulano, salid y poblad esta tierra que está desierta, porque así lo mandó el Con Tici Viracocha, que hizo el mundo.» Y como estos así los llamasen, luego salían las tales gentes de aquellas partes y lugares que así les era dicho por el Viracocha. Y así dicen que iban estos llamando y sacando las gentes de las cuevas, rios y fuentes y altas sierras, como ya en el capítulo antes déste habéis oído, y poblando la tierra hacia la parte do el Sol sale.

Y como el Con Tici Viracocha hubiese ya despachado esto, e ido en la manera ya dicha, dicen que los dos que allí quedaron con él en el pueblo de Tíaguanaco, que los envió asimismo a que llamasen y sacasen las gentes en la manera que ya habéis oído, dividiendo estos dos en esta manera: Que envió el uno por la parte y provincia de Condesuyo, que es, estando en este Tíaguanaco las espaldas do el Sol sale, a la mano izquierda, para que asimismo fuesen hacer lo que habían ido los primeros, y que asimismo llamasen los indios y naturales de la provincia de Condesuyo; y que lo mismo envió el otro por la parte y provincia de Andesuyo, que es a la otra manderecha, puesto en la manera dicha, las espaldas hacia do el Sol sale.

Y estos dos así despachados, dicen que él asimismo se partió por el derecho hacia el Cuzco, que es por el medio destas dos provincias, viniendo por el camino real que va por la sierra hacia Caxamalca; por el cual camino iba él asimismo llamando y sacando las gentes en la manera que ya habéis oído. Y como llegase a una provincia que dicen Cacha, que es de indios Canas, la cual está dieciocho leguas de la ciudad del Cuzco, este Viracocha, como hubiese allí llamado estos indios Canas, que luego como salieron, que salieron armados, y como viesen al Viracocha, no lo conociendo, dicen que se venían a él con sus armas todos juntos a le matar, y que él, como los viese venir así, entendiendo a lo que venían, luego improviso hizo que cayese fuego del cielo y que viniese quemando una cordillera de un cerro hacia do los indios estaban. Y como los indios viesen el fuego, que tuvieron temor de ser quemados y arrojaron las armas en tierra, y se fueron derechos al Viracocha, y como llegasen a él, se echaron por tierra todos; el cual, como así los viese, tomó una vara en las manos y fue do el fuego estaba, y dio en él dos o tres varazos y luego fue muerto. Y todo esto hecho, dijo a los indios cómo él era su hacedor; y luego los indios Canas hicieron en el lugar do él se puso, para quel fuego cayese del cielo y de allí partió a matalles, una suntuosa guaca, que quiere decir guaca adoratorio o ídolo, en la cual guaca ofrecieron mucha cantidad de oro y plata éstos y sus descendientes, en la cual guaca pusieron un bulto de piedra esculpido en una piedra grande de casi cinco varas en largo y de ancho una vara o poco menos, en memoria de este Viracocha y de aquello allí sucedido; lo cual dicen estar hecha esta guaca desde su antigüedad hasta hoy. Y yo he visto el cerro quemado y las piedras dél, y la quemadura es de más de un cuarto de legua; y viendo esta admiración, llamé en este pueblo de Chaca[5] los indios y principales más ancianos, y preguntéles qué hubiese sido aquello de aquel cerro quemado, y ellos me dijeron esto que habéis oído. Y la guaca de este Viracocha está en derecho desta quemadura un tiro de piedra della, en un llano y de la otra parte de un arroyo que está entre esta quemadura y la guaca. Muchas personas han pasado este arroyo y han visto esta guaca, porque han oído lo ya dicho a los indios, y han visto esta piedra: que preguntando a los indios que qué figura tenía este Viracocha cuando así le vieron los antiguos, según que dello ellos tenían noticia, y dijéronme que era un hombre alto de cuerpo y que tenía una vestidura blanca que le daba hasta los pies, y questa vestidura traía ceñida; y que traía el cabello corto y una corona hecha en la cabeza a manera de sacerdote; y que andaba destocado, y que traía en las manos cierta cosa que a ellos les parece el día de hoy como estos breviarios que los sacerdotes traían en las manos. Y esta es la razón que yo desto tuve, según que los indios me dijeron. Y preguntéles cómo se llamaba aquella persona en cuyo lugar aquella piedra era puesta, y dijéronme que se llama Con Tici Viracocha Pachayachachic, que quiere decir en su lengua, Dios hacedor del mundo.

Y volviendo a nuestra historia, dicen que después de haber hecho en esta provincia de Cacha este milagro, que pasó adelante, siempre entendiendo en su obra, como ya habéis oído, y como llegase a un sitio que agora dicen el Tambo de Úrcos, que es seis leguas de la ciudad del Cuzco, subióse a un cerro

5 Así por Cacha.

alto y sentóse en lo más alto dél, de donde dicen que mandó que produciesen y saliesen de aquella altura los indios naturales que allí residen el día de hoy. Y porque este Viracocha allí se hubiese sentado, le hicieron en aquel lugar una muy rica y suntuosa guaca, en la cual guaca, porque se sentó en aquel lugar este Viracocha, pusieron los que la edificaron un escaño de oro fino, y el bulto que en el lugar deste Viracocha pusieron, le sentaron en este escaño; el cual bulto de oro fino, en la parte[6] del Cuzco que los cristíanos hicieron cuando le ganaron, [valió o pesó] dieciséis o dieciocho mil pesos. Y de allí el Viracocha se partió y vino haciendo sus gentes, como ya habéis oído, hasta que llegó al Cuzco; donde llegado que fue, dicen que hizo un Señor, al cual puso por nombre Alcaviza, y puso nombre asimismo a este sitio, do este Señor hizo, Cuzco; y dejando orden como después quél pasase produciese los orejones, se partió adelante haciendo su obra. Y como llegase a la provincia de Puerto Viejo, se juntó allí con los suyos que ante él enviaba en la manera ya dicha, donde como allí se juntasen, se metió por la mar juntamente con ellos, por do dicen que andaba él y los suyos por el agua así como si anduvieran por tierra. Otras muchas cosas hubiera aquí más escrito deste Viracocha, según que estos indios me han informado dél, sino, por evitar prolijidad y grandes idolatrías y bestíalidad, no las puse; donde le dejaremos y hablaremos del producimiento de los orejones de la ciudad del Cuzco, que asimismo van [usan] y siguen la bestíalidad e idolatría gentílica y bárbara que ya habéis oído.[7]

6 Entiéndase reparto del botín.
7 Estos capítulos los trasladó, mudando el estilo, el padre Gregorio García, en el capítulo VII del libro último de su *Origen de los indios del Nuevo Mundo*.

Capítulo III. En que trata del sitio y manera en (así) que tenía el lugar do ora dicen y llaman la gran ciudad del Cuzco, y del producimiento de los Orejones y según que ellos tienen que producieron y salieron de cierta cueva

En el lugar y sitio que hoy dicen y llaman la gran ciudad del Cuzco, en la provincia del Perú, en los tiempos antiguos, antes que en él hubiese Señores Orejones, Incas, Capaccuna, que ellos dicen reyes, había un pueblo pequeño de hasta treinta casas pequeñas pajizas y muy ruines, y en ellas había treinta indios, y el Señor y cacique de este pueblo se decía Alcaviza; y lo demás dentorno deste pueblo pequeño, era una ciénaga de junco, [y] yerba cortadera, la cual ciénaga causaban los manantiales de agua que de la sierra y lugar do agora es la fortaleza salían; y esta ciénaga era y se hacía en el lugar do agora es la plaza y las casas del marqués don Francisco Pizarro, que después esta ciudad ganó; y lo mismo era en el sitio de las casas del comendador Hernando Pizarro; y asimismo era ciénaga el lugar y sitio do es en esta ciudad, de la parte del arroyo que por medio della pasa, el mercado o tiánguez, plaza de contratación de los mismos naturales indios. Al cual pueblo llamaban los moradores dél desde su antigüedad Cozco; y lo que quiere decir este nombre Cozco no lo saben declarar, mas de decir que así se nombraba antiguamente.

Y viviendo y residiendo en este pueblo Alcaviza, abrió la tierra una cueva siete leguas deste pueblo, do llaman hoy Pacaritambo, que dice Casa de producimiento; y esta cueva tenía la salida della cuanto un hombre podía caber saliendo o entrando a gatas; de la cual cueva, luego que se abrió, salieron cuatro hombres con sus mujeres, saliendo en esta manera. Salió primero el que se llamó Ayar Cache y su mujer con él, que se llamó Mama Guaco; y tras éste salió otro que se llamó Ayar Oche, y tras él su mujer, que se llamó Cura; y tras éste salió otro que se llamó Ayar Auca, y su mujer, que se llamó Ragua Ocllo; y tras éstos salió otro que se llamó Ayar Mango, a quien después llamaron Mango Capac, que quiere decir el rey Mango; y tras éste salió su mujer que llamaron Mama Ocllo; los cuales sacaron en sus manos, de dentro de la cueva, unas alabardas de oro, y ellos salieron vestidos de unas vestiduras de lana fina tejida con oro fino, y a los cuellos sacaron unas bolsas, así mismo de lana y oro, muy labradas, en las cuales bolsas sacaron unas hondas de niervos. Y las mujeres salieron asimismo vestidas muy ricamente, con unas mantas y fajas, que ellos llaman chumbis, muy labradas de oro, y con los prendederos de oro muy fino, los cuales son unos alfileres largos de dos palmos que ellos llaman topos; y así mismo sacaron estas mujeres el servicio con que habían de servir y guisar de comer a sus maridos, como son ollas y cántaros pequeños, y platos y escudillas y vasos para beber, todo de oro fino. Los cuales, como fuesen de allí hasta un cerro questá legua y media del Cozco, Guanacaure, y descendieron de allí, a las espaldas deste cerro, a un valle pequeño que en él se hace, donde como fuesen allí, sembraron unas tierras de papas, comida destos indios, y subiendo un día al cerro Guanacaure para de allí mirar y divisar donde fuese mejor asiento y sitio para poblar; y siendo ya encima del cerro, Ayar Cache, que fue el primero que salió de la cueva, sacó una honda y puso en ella una piedra y tiróla a un cerro alto, y del golpe que dio, derribó el cerro e hizo en él una quebrada; y asimismo tiró otras tres piedras, e hizo de cada una quebrada grande en los cerros altos; los cuales tiros eran y son, desde donde los tiró hasta donde el golpe hicieron, según que ellos lo fantasean, espacio de legua y media y de una legua.

Y viendo estos tiros de honda los otros tres sus compañeros, paráronse a pensar en la fortaleza deste Ayar Cache, y apartáronse de allí un poco aparte, y ordenaron de dar manera como aquel Ayar Cache se echase de su compañía, porque les parecía que era hombre de grandes fuerzas y valerosidad, y que los mandaría y sujetaría andando el tiempo, y acordaron de tornar desde allí a las cuevas donde habían salido; y porquellos al salir habían dejado muchas riquezas de oro y ropa y del más servicio dentro de la cueva, ordenaron, sobre cautela, que tenían necesidad deste servicio, que volviese a lo sacar Ayar Cache; el cual dijo que le placía, y siendo ya a la puerta de la cueva, Ayar Cache entró agatado, bien así como había salido, que no podían entrar menos; y como le viesen los demás dentro, tomaron una gran losa, y cerráronle la salida y puerta por do entró; y luego, con mucha piedra y mezcla, hicieron a ésta en toda [entrada?] una gruesa pared, de manera que cuando volviese a salir, no pudiese y se quedase allá. Y esto acabado, estuviéronse allí hasta que dende a cierto rato oyeron cómo daba golpes en la losa de dentro Ayar Cache, y viendo los compañeros que no podía salir, tornáronse al asiento de Guanacaure, donde estuvieron los tres juntos un año y las cuatro mujeres con ellos; y la mujer de Ayar Cache, que ya era quedado en la cueva, diéronla a Ayar Mango, para que le sirviese.

Capítulo IV. En que trata cómo Ayar Mango se descendió de los altos de Guanacaure a vivir a otra quebrada, donde, después de cierto tiempo, de allí se pasó a vivir a la ciudad del Cuzco, en compañía de Alcaviza, dejando en el cerro Guanacaure a su compañero Ayar Oche hecho ídolo, como por la historia más largo lo contará

Y el año cumplido que allí estuvieron, pareciéndoles que aquel sitio no era cual les convenía, pasáronse de allí media legua más hacia el Cuzco, a otra quebrada, questuvieron otro año, y desde encima de los cerros desta quebrada, la cual se llama Matagua, miraban el valle del Cuzco y el pueblo que tenía poblado Alcaviza, y pareciólES que era buen sitio aquel do estaba poblado aquel pueblo de Alcaviza; y descendidos que fueron al sitio y ranchería que tenían, entraron en su acuerdo, y parecióles quel uno dellos se quedase en el cerro de Guanacaure hecho ídolo, y que los que quedaban, fuesen a poblar con los que vivían en aquel pueblo y que adorasen a éste que así quedase hecho ídolo, y que hablase con el Sol, su padre, que los guardase y aumentase y diese hijos, y los enviase buenos temporales. Y luego se levantó en pie Ayar Oche y mostró unas alas grandes y dijo quél había de ser el que quedase allí en el cerro de Guanacaure por ídolo, para hablar con el Sol su padre. Y luego subieron el cerro arriba, y siendo ya en el sitio do había de quedar hecho ídolo, dio un vuelo hacia el cielo el Ayar Oche, tan alto, que no lo divisaron; y tornóse allí, y díjole a Ayar Mango, que de allí se nombrase Mango Capac, porque él venia de donde el Sol estaba, y que así lo mandaba el Sol que se nombrase; y que se descendiese de allí y se fuese al pueblo que habían visto y que le sería fecha buena compañía por los moradores del pueblo; y que poblase allí; y que su mujer Cura, que se la daba para que le sirviese, y quél llevase consigo a su compañero Ayar Auca.

Y acabado de decir esto por el ídolo Ayar Oche, tornóse piedra así como estaba, con sus alas, y luego se descendió Mango Capac y Ayar Auca a su ranchería; y descendidos que fueron, vinieron donde el ídolo estaba muchos indios de un pueblo de allí cercano, y como vieron el ídolo hecho piedra, que le habían visto cuando el vuelo dio en lo alto, tiráronle una piedra y desta piedra le quebraron al ídolo una ala; de donde, como ya le hubiesen quebrado una ala, no pudo volar ya más; y como le viesen hecho piedra, no le hicieron más enojo.

Y volviéndose estos indios que esto hicieron así a su pueblo, Mango Capac y su compañero Ayar Auca salieron de sus rancherías, llevando consigo sus cuatro mujeres ya nombradas, y caminaron para el pueblo de el Cozco, donde estaba Alcaviza. Y antes que llegasen al pueblo, dos tiros de arcabuz, estaba poblado un pueblo pequeño, en el cual pueblo había coca y ají; y la mujer de Ayar Oche, el que se perdió en la cueva, llamada Mama Guaco, dio a un indio de los deste pueblo de coca un golpe con unos ayllos y matóle y abrióle de pronto y sacóle los bofes y el corazón, y a vista de los demás del pueblo, hinchó los bofes soplándolos; y visto por los indios del pueblo aquel caso, tuvieron gran temor, y con el miedo que habían tomado, luego en aquella hora se fueron huyendo al valle que llaman el día de hoy Gualla, de donde han procedido los indios que el día de hoy benefician la coca de Gualla. Y esto hecho, pasaron adelante Mango Capac y su gente, y hablaron con Alcaviza, diciéndole que el Sol los enviaba a que poblasen con él allí en aquel pueblo del Cozco; y el Alcaviza, como le viese tan bien aderezado a él y a su compañía, y las alabardas de oro que en las manos traían, y el demás servicio de oro, entendió que era así y que eran hijos del Sol, y díjoles que poblasen donde mejor les pareciese. Y el Mango Capac agradecióselo, y pareciéndole bien el sitio y asiento do agora es en esta ciudad del Cuzco la casa y convento de Santo Domingo, que antes solía ser la Casa del Sol, como adelante la historia lo dirá, hizo allí el Mango Capac y su compañero, y con el ayuda de las cuatro mujeres, una casa, sin consentir que gente Alcaviza les ayudase, aunque los querían ayudar; en la cual casa se metieron ellos dos y sus cuatro mujeres. Y esto hecho, dende a cierto tiempo el Mango Capac y su compañero con sus cuatro mujeres, sembraron unas tierras de maíz, la cual semilla de maíz dicen haber sacado ellos de la cueva, a la cual cueva nombró este Señor Mango Capac, Pacarictambo, que dice, Casa de producimiento; porque, como ya habéis oído, dicen que salieron de aquella cueva. Su sementera hecha, holgábanse y regocijábanse Mango Capac y Alcaviza en buena amistad y en contentamiento.

Capítulo V. En que trata cómo murió Ayar Auca, compañero de Mango Capac, y cómo hubo un hijo Mango Capac, el cual se llamó Sinchi Roca;[8] y cómo murió Mango Capac, y cómo murió después de esto Alcaviza después; y de los Señores que deste Sinchi Roca sucedieron hasta Viracocha Inca, y de los casos y cosas que acaecieron en los tiempos destos hasta Viracocha Inca

Dende a dos años que allí vino Mango Capac, murió su compañero Ayar Auca, y quedó la mujer en compañía de las demás de Mango Capac, sin que en ella hubiese habido hijo ninguno de Ayar Auca, y así, quedó solo Mango Capac con su mujer y las otras tres de sus compañeros ya dichos, y sin que tuviese que ver con ninguna dellas para en cuanto a tenellas por mujeres propias, sino con la suya propia; en la cual, dende a poco tiempo hubo un hijo, al cual hizo llamar Sinchi Roca. Y siendo ya Sinchi Roca mancebo de hasta quince o dieciséis años, murió su padre Mango Capac, sin dejar otro hijo sino fue este Sinchi Roca. Y dende cinco años que murió Mango Capac, murió Alcaviza. Y como fuese ya de edad de veinte años este Sinchi Roca, hijo de Mango Capac, usó por mujer una señora llamada Mama Coca, hija de un cacique Señor de un pueblo questá una legua del Cuzco, que llaman Zañu, en la cual señora hubo Sinchi Roca un hijo llamado Lloque Yupanqui. Este Lloque Yupanqui nació con dientes, y luego que nació, anduvo, y nunca quiso mamar; y luego habló cosas de admiración, que a mi parecer debió de ser otro Merlin, según que las fábulas dicen. Y así como este nació, que tomó una piedra en las manos y tiróla a otro muchacho descendiente de Alcaviza, que al presente por allí pasaba, el cual iba por agua a una fuente con cierta vasija en las manos,

8 En nuestro original se halla escrito constantemente Chincha Roca.

de la cual pedrada Lloque Yupanqui, el recién nacido, quebró una pierna al muchacho de Alcaviza ya dicho, del cual caso los agoreros dijeron, que los que descendieren de este Lloque Yupanqui serían grandes Señores, y que señorearían aquel pueblo; y que los descendientes de los de Alcaviza serían echados de aquel pueblo por los descendientes de Lloque Yupanqui; lo cual así fue, como la historia lo dirá adelante, según que lo dijeron los que dieron razón dello. Y porque este Lloque Yupanqui no hizo cosas más notables questa ya dicha, en el tiempo que vivió, le dejaremos.

Y después de los días de éste sucedió en su lugar un hijo suyo, que se llamó Capac Yupanqui, del cual se dice no haber procurado[9] más ser que su padre Lloque Yupanqui le dejó. Y después de los días de éste, sucedió en su lugar un hijo suyo que se dijo Mayta Capac, el cual dicen no haber procurado más ser que sus pasados. Y después de los días de éste, sucedió en su lugar un hijo suyo que se dijo Inca Roca Inca, del cual dicen haber habido en seis mujeres que tuvo, treinta hijos e hijas. Y después de los días deste, sucedió en su lugar un hijo suyo y mayor de los otros, que se llamó Yaguar Guacac Inca Yupanqui. Déste dicen que nació llorando sangre, y por eso le llamaron Yaguar Guacac, que dicen, llorar sangre. Deste dicen que tuvo veinte mujeres, en las cuales hubo cincuenta hijos e hijas; del cual dicen no haber procurado más ser que le dejaron sus pasados.

Y después de los días deste, sucedió en su lugar un hijo suyo que llaman Viracocha Inca, porque era muy amigable a los suyos y afable y los gobernaba en mucha quietud, dándoles siempre dádivas y haciéndoles mercedes. Y como éste fuese así, amábanle los suyos con gran voluntad; y levantándose un día por la mañana, salió alegre a los suyos, y pre-

9 Pagado, en n. orig.

guntándole los suyos que de qué se regocijaba, dicen que les respondió que el Viracocha Pachayachachic le había hablado aquella noche, diciendo que Dios le había hablado aquella noche (así); y luego se levantaron todos los suyos y le llamaron Viracocha Inca, que quiere decir, Rey y Dios; y desde allí se nombró este nombre.

Capítulo VI. En que trata de cómo había muchos Señores en la redondez del Cuzco, que se intitulaban reyes y Señores en las provincias donde estaban; y de cómo se levantó de entre estos un Señor Chanca que llamaron Uscovilca, y cómo hizo guerra él y sus capitanes a los demás Señores, y los sujetó, y cómo vino sobre el Cuzco, teniendo noticia de Viracocha Inca, y de cómo Viracocha Inca le envió a dar obediencia, y después se salió Viracocha Inca a cierto peñol, llevando consigo todos los de la ciudad

En el tiempo deste Viracocha Inca había más de doscientos Señores caciques de pueblos y provincias, cincuenta y sesenta leguas en la redondez desta ciudad del Cuzco, los cuales se intitulaban y nombraban en sus tierras y pueblos Capac Inca, que quiere decir Señores y reyes; y lo mismo hacía este Viracocha Inca, e intitulábase, como arriba dijimos, Dios; de donde vieron los demás Señores ya dichos, que se intitulaba de más ser que ninguno dellos. Y como un Señor destos, de nación Chanca, que se decía Uscovilca, el cual era señor de mucha suma de gente y tenía seis capitanes muy valerosos, sus sujetos, que se llamaron Malma,[10] y otro Rapa, y otro Yanavilca,[11] y otro Teclovilca, y otro Guamanguaraca, y otro Tomayguaraca; y este Uscovilca, como tuviese noticia que en el Cuzco residía Viracocha Inca y que se intitulase de mayor señor que él, siendo él más poderoso de gente e intitulándose él Señor de toda la tierra, pareciéndole bien ver qué poder era el de Viracocha Inca, y para ver esto, estando este Uscovilca en el pueblo de Paucaray,[12] que es tres leguas de Párcos, entró en consulta con los suyos qué orden debiesen tener para este

10 O Macma.

11 Yanalvica, en n. orig.

12 Pacauray, en n. orig.

hecho; y viendo que su poder era grande, acordaron en su acuerdo que debían ir sus capitanes a descubrir por las partes de Condesuyo y provincias, y asimismo por la parte de Andesuyo a lo mismo, y que él asimismo, con dos capitanes de los suyos y con la gente que le quedase, fuese por medio destas dos provincias derechamente a la ciudad del Cuzco, y que desta manera sería Señor de toda la tierra, y que él de su mano sujetaría a Viracocha Inca. Y así, salió de su acuerdo; y desque hubo salido, mandó que para un día señalado se juntase toda su gente en aquel lugar y llano de Paucaray,[13] donde él era natural; y así se juntaron todos los suyos el día que les fue mandado. Y siendo así juntos, mandó a sus capitanes que hiciesen tres partes toda aquella gente; y siendo ya apartados y hechas las tres partes, mandólos proveer de armas a todos, que fueron lanzas, alabardas y hachas, y porras, y hondas y ayllos y rodelas; de las cuales, siendo ya proveídos deste menester, mandóles proveer de muchos mantenimientos para su camino, como es carne seca, y maíz, y pescado seco y de las demás comidas, haciéndoles la gracia y merced de todo el despojo que en la guerra hubiesen de ganado, ropa y oro y plata y mujeres y otras piezas y anaconas que así en la guerra hubiesen. Y dando una parte destas gentes a los capitanes de los suyos, que se llamaron Malma e irapa,[14] a los cuales mandó que luego se partiesen, y que fuesen conquistando por la provincia de Condesuyo hasta donde gente no hallasen que conquistar pudiesen. Y así se fueron estos dos capitanes ya dichos, llevando la gente ya dicha; y al tiempo que se despidieron del Señor, diéronle grandes gracias y loores, así los capitanes como la demás gente, por la merced que les fue hecha del despojo. Y así fueron conquistando estos dos capitanes

13 Pucaray, en n. orig.

14 Antes Rapa; la forma de ahora debe ser efecto de la conjunción y.

Malma e irapa por la provincia de Condesuyo, llevando gran poder de gente; y fue tanta la ventura destos dos capitanes, que ganaron y sujetaron yendo desdel pueblo de Paucaray por la provincia de Condesuyo, hasta llegar a las dichas cincuenta leguas más allá de los Charcas.

Dejaremos estos capitanes y hablaremos de los otros dos que envió asimismo Uscovilca por la parte de Andesuyo, los cuales se llamaron Yana Vilca y Toquello Vilca;[15] a los cuales como les diese su Señor Uscovilca la otra parte de gente, partieron de allí de Paucaray; a los cuales, al partir, les fue mandado por Uscovilca que no llegasen al Cuzco con diez leguas, sino que pasasen apartados dél, porquel Uscovilca quería esta empresa del Cuzco para sí. Y así, se apartaron estos dos capitanes, metiéndose por la provincia de Condesuyo, ganando y conquistando provincias hasta llegar a los Chiriguanes, donde los dejaremos y hablaremos de Uscovilca.

El cual, como hubiese despachado sus cuatro capitanes en la manera que ya habéis oído, y tuviese[16] gran voluntad de por su persona ir y sujetar al Cuzco y al Viracocha Inca, tomando la otra tercia parte de gente que le quedó, dejando su tierra y pueblo con el recaudo y guarda necesaria, para que si alguno sobre él se viniese le avisasen para volver en su guarda y reparo;—y así, ya hecho esto y proveído, se partió con su gente, y llevando consigo sus dos capitanes, en busca y demanda de Viracocha Inca. El cual estaba muy quieto de aquella zozobra, porque él no hacía guerra a nadie ni procuraba tomar ni quitar a nadie lo suyo.

Y estando así quieto desta guerra que sobre él venia, llegaron a él dos mensajeros que le enviaba Uscovilca, por los cuales le enviaba a decir que la diese obediencia, como a Se-

15 Antes Teclovilca. Este Toquello ¿no será Tocllo o Tullu?

16 Obtuviese, en n. orig.

ñor que era, donde no, que se aparejase, quel le iba a hacer guerra, y que pensaba dalle batalla y sujetalle; que le hacía saber quél quedaba en Vilcacunga, que es siete leguas de la ciudad del Cuzco, y que sería bien breve con él. Y como Viracocha Inca viese la tal embajada que el Uscovilca le envió, y que traía gran poder, y que todo lo que atrás dejaba a él quedaba sujeto, envióle a decir que le placía de le dar obediencia, y que quería comer y beber con él. Y salidos que fueron estos mensajeros de la ciudad del Cuzco con esta embajada de Viracocha Inca, hizo juntar sus principales y entraron en su acuerdo para ver lo que debían hacer, porque fueron tan breves los mensajeros de Uscovilca, que no le dieron lugar a que con los suyos tomase parecer en lo que debía responder; y así, respondió lo que habéis oído; y después entró;[17] y estando en ella, consideraron que Uscovilca venia con gran poder de gente, y que venia soberbio y que, dándosele así tan fácilmente, que serían tenidos en poco, y acordaron, para con él mejor capitular las cosas que más les hacían a su conservación, y aunque quedasen sujetos, no quedarían tanto cuanto si fácilmente se diesen,—de se salir desta ciudad del Cuzco el Viracocha con toda la gente de la ciudad, y con los más de los comarcanos que seguirlos quisiesen, irse a un peñol questá siete leguas desta ciudad del Cuzco, por cima de un pueblo que se dice Calca, el cual peñol y fuerte se llama Caca Xaqui Xahuana.[18]

Viracocha Inca en esta sazón tenía siete hijos; tenía uno de ellos menor de todos, el cual se llamaba Inca Yupanqui; y en aquel tiempo que Viracocha Inca se quería salir del Cuzco,

17 Aquí falta algo, como en su junta o congregación.

18 En n. orig. Cagua xaque xaguana. Yo interpreto Cagua o Caqua, Caca, piedra, peñasco, peñol, risco; aunque más adelante (cap. IX) lo escribe de modo que hace dudosa esta interpretación, y es más posible que la primera parte de la palabra sea Y-ucai, y el autor se refie-

este su hijo Inca Yupanqui, aunque era menor, era mancebo de gran presunción y hombre que tenía en mucho su persona; y pareciéndole mal que su padre Viracocha Inca hacía de desmamparar su pueblo y quererse dar a sujetación, así como ya se había ofrecido, parecióle que era mal caso y gran infamia para las gentes que desto tuviesen noticia; y viendo questaba acordado por su padre y los demás señores del Cuzco de se salir, presupuso en sí de no salir él y juntar la gente que pudiese, y ya que Uscovilca viniese, él no darle tal obediencia, sino morir antes que decir que vivía en sujeción; y que por ventura podría juntar tanta gente y su ventura ser tal que venciese al Uscovilca, y así se libertaría su pueblo.

Y presuponiendo lo que así había pensado, fuese en busca de tres mancebos, hijos de señores y amigos suyos, e hijos de aquellos señores con quien su padre había entrado en consulta para se salir y dar obediencia al Chanca,—los nombres de los cuales mancebos eran, el uno Vica Quirao,[19] y el otro Apo Mayta, y el otro Quilescachi Urco Guaranga;—y juntándose Inca Yupanqui con estos tres mancebos señores, consultó con ellos lo que tenía pensado, y díjoles que antes se debía presuponer y holgar de recibirse la muerte, que no vivir en tal sujeción e infamia, no habiendo sido nacidos sujetos. Y estando todos cuatro así juntos, los mancebos holgaron de que Inca Yupanqui les dijese aquello, y diéronle palabra de hacer lo que él hiciese; y siendo todos cuatro de una opinión y parecer, Viracocha Inca salía ya de la ciudad para su peñol

ra, por tanto, a los edificios que en el valle de este nombre dice Garcilaso que construyó Huiracocha.

Puede ser también Cahua Xaquixahuana, pero no he leído ni oído nunca este nombre de pueblo. Tampoco me extrañaría que dijese Calca Xaqui Xaguana, en razón de estar el peñol junto a Calca.

19 Aquí Viguirao; pero más delante Vicaquirao, que creo es su verdadero nombre. Otros escriben Vecaquéroa.

llevando consigo la gente del Cuzco, y la más de los comarcanos que pudo llevar consigo. Inca Yupanqui y los tres señores mancebos ya dichos, quedáronse en la ciudad con cada sendos criados que quedarse quisieron con ellos, los cuales criados se llamaban Pata Yupanqui, y Muru Uanca,[20] y Apo Yupanqui, Uxuta Urco Guaranga; los cuales quedaron solos, que no quedó con ellos otra persona más destos criados suyos. Y visto por Viracocha Inca que su hijo Inca Yupanqui se quedaba con aquel propósito, rióse mucho y no hizo caso dél, porque llevó consigo sus seis hijos, y con ellos el mayor y más querido suyo, que se llamaba Inca Urco, en quien pensaba dejar el lugar y nombre de su persona.

20 Muro Uonga en n. orig.

Capítulo VII. En que trata cómo después de quedado Inca Yupanqui en la ciudad, Uscovilca envió sus mensajeros a Viracocha Inca como supo que se había retraído al peñol; y cómo asimismo, sabido que Inca Yupanqui se quedaba en la ciudad y al fin que se quedaba, y cómo le envió sus mensajeros asimismo al Inca Yupanqui; y cómo Inca Yupanqui envió a pedir socorro a su padre y a las demás provincias en torno de la ciudad, y lo que entre ellos pasó

Sabido que fue por el chanca Uscovilca lo que había hecho Viracocha Inca, acordó de le enviar un capitán suyo que se decía Guaman Guaraca, para que con el Viracocha Inca concertase lo que le pareciese y bien le tuviese; el cual capitán llegó, y el Viracocha Inca le recibió muy bien en el peñol dó estaba. Y despachado este capitán por Uscovilca a Viracocha Inca, supo cómo se había quedado en el Cuzco Inca Yupanqui con los tres señores ya dichos, y con cada un criado que le sirviese, y con el propósito de morir y no ser sujetos; y sabida esta nueva por Uscovilca, holgóse mucho, porque le pareció, que venciendo a este Inca Yupanqui, hijo de Viracocha Inca y a los tres señores que con él eran, que podría triunfar, y más tomándolos dentro en el Cuzco, a dondél venía encaminado. Y un capitán deste Uscovilca, llamado Tomay Guaraca, sabida la nueva deste propósito de Inca Yupanqui, pidió a Uscovilca, su Señor, que le hiciese merced desta empresa; quél quería ir al Cuzco y prender y matar a Inca Yupanqui y a los que con él eran. Y Uscovilca le respondió, que semejante empresa que aquella, que para sí la quería, y que por su mano la quería él acabar; y luego envió un mensajero suyo a Inca Yupanqui, por el cual le envió a decir que se holgaba mucho de saber que con él quisiese probar sus fuerzas y ánimo de mancebo, que se aderezase él y los suyos que con él estaban, que de allí a tres meses se quería ir a ver con él; que porque dél no se quejase, le quería dar espacio de tres meses para que con él mejor se pudiese ver, y así mismo aderezarse de las armas y gente que le pareciese. Porque, como el Uscovilca hubiese sabido que Viracocha Inca se había salido huyendo de la ciudad del Cuzco, y llevado consigo toda su gente, y la más que pudo llevar de los demás pueblos comarcanos a la ciudad del Cuzco, tuvo este Uscovilca que no le acudiría nadie al Inca Yupanqui que parte fuese a resistir el poder que el traía. Y visto por Inca Yupanqui lo que le enviaba a decir Uscovilca, respondióle quél era presto de morir peleando antes de ser sujeto, por quél libre había nacido y señor, y si su padre daba obediencia, que la podía dar por sí y por los que con él tenía allá en el peñol do estaba, y que él no estaba en aquello, sino que si él había de ser Señor del Cuzco e intitularse de tal, que peleando con él y venciéndole, ternía la tal nombradía; y que se holgaba que su padre hubiese desmamparado la ciudad del Cuzco y salídose de ella, siendo de opinión de se rendir, lo cual el Cuzco nunca tal había hecho ni sido vencido por nadie, desde que Mango Capac lo había fundado. Y oída su embajada y respuesta, se salió del Cuzco, y fue a su Señor Uscovilca, que estaba en aquella sazón holgándose con los señores que traía consigo, allí en el asiento de Vilcacunga; y oído por Uscovilca la respuesta que Inca Yupanqui le enviaba con su mensajero, holgóse della, porque pensaba triunfar del Cuzco, como ya habéis oído.

El changa[21] entró en su acuerdo con los tres señores que consigo tenía, y acordaron de enviar cierto mensajero a Viracocha Inca su padre, por el cual le enviase a decir, que mirase la deshonra que le venia y que el Cuzco nunca había

21 Así en n. orig.; pero evidentemente debe decir Inga o Inca o Inca Yupanqui.

sido sujeto desde que Mango Capac lo había poblado; que le parecía, si a él le pareciese, que debían de defender su ciudad, y que no permitiese que dél se dijese semejante cosa que hubiese desmamparado su pueblo, y después se diese y rindiese a sus enemigos; que se viniese a su ciudad, que él le prometía, como su hijo que era, de morir delante de su persona, si él así volviese, y defendella, por quél tenía presupuesto de morir antes que dél se dijese que se había dejado sujetar siendo señor y habiendo nacido libertado.

Y luego fue uno de los cuatro mozos que allí tenían, al cual se le dijo que llevase la embajada que ya habéis oído; el cual mensajero se partió y llegó donde estaba Viracocha Inca, y díjole su embajada de parte de Inca Yupanqui. Y oído por Viracocha Inca lo que su hijo le enviaba a decir, rióse mucho de la tal embajada y dijo: «Siendo yo hombre que comunico y hablo con Dios, y sabido por él he sido avisado que no soy parte para resistir a Uscovilca, y siendo así avisado me salí del Cuzco para mejor poder dar orden ¿cómo Uscovilca no me haga deshonra y a los míos maltratamiento, y ese muchacho Inca Yupanqui quiere morir y presumir que yo he sido mal acordado? Volved y decilde que me río de su mocedad, y que se venga él y los suyos que consigo tiene, y si no lo quiere hacer, que me pesa, porques mi hijo y quiera morir desa manera.» El mensajero le respondió a estas palabras que le decía Viracocha Inca, que su señor tenía presupuesto aquello, y que en ninguna manera dejaba de morir o vencer él y los que con él estaban antes que venir en sujeción. Y a esto le respondió Viracocha Inca, que se volviese, y pues era aquella la opinión de su señor y voluntad suya, que pelease e hiciese todo su poder, que lo quentendéa que había de ser al fin de su batalla, que sería ser preso y muerto mozo y sin entendimiento; y que les dijese a sus señores, quél no pensaba ir allí y que en ninguna manera le tornase a enviar con embajada semejante. Y esto oído por el mensajero, se partió con su respuesta a donde su señor estaba, y llegado que fue, díjole lo que su padre Viracocha Inca le enviaba a decir en respuesta de su mensaje. Todo lo cual oído por Inca Yupanqui, recibió pesar de la tal respuesta, porque pensó que su padre le enviara algún socorro, y que como viesen los comarcanos de los pueblos questán en torno de la ciudad del Cuzco que su padre Viracocha Inca le socorría con algún favor y ayuda, que así mismo le acudirían y darían favor los tales comarcanos.

Y estando así triste él y los suyos por lo que ya habéis oído, parecióle que era bien enviar sus mensajeros a los caciques de los pueblos comarcanos, haciéndoles saber en la necesidad en questaba y cómo había enviado sus mensajeros a su padre, el cual no le había querido enviar ningún socorro; que les rogaba que le favoreciesen con sus poderes y gente. Y esto así pensado por Inca Yupanqui, llamó a aquellos cuatro mozos que allí tenía, a los que les mandó, y a cada uno por sí, que fuesen con la embajada que habéis oído a los caciques y Señores que así eran en torno de la ciudad en espacio de tres leguas; y siendo divididos (así) por Inca Yupanqui estos mensajeros, se partieron cada uno por sí a los pueblos y caciques con la embajada que ya habéis oído; donde, como hubiesen llegado a los caciques y Señores, do su señor los enviaba, y oído por los tales caciques la embajada y ruego que les enviaba Inca Yupanqui, respondiéronles a estos mensajeros en esta manera: «Volved, hermanos, y decid a vuestro señor Inca Yupanqui, que nos llamamos[22] de corazón y voluntad, y que holgaremos de le hacer esa ayuda que nos pide y socorrerle con nuestras gentes y poder; mas, que nos parece que el poder de Uscovilca Chanca, que sobre él y sobre nos viene,

22 ¿No diría hallamos en el original?

que es mucho y muy grande, y que como él [no] tenga más gente de a su persona y a sus compañeros, y que el poder que ellos le podían dar y ayudar era asimismo poco, y que no le podían socorrer, y que si acaso fuese aquellos le socorriesen, no teniendo él más poder del que hasta allí tenía, sería echarse a perder él y ellos,—porque asimismo ellos estaban en dar obediencia al Chanca, como su padre pensaba hacer, cada y cuando que por el Chanca se les fuese pedida, lo cual hasta allí no les había sido por el Chanca enviado a pedir cosa; mas que lo [que] ellos harían con él era, que como él buscase de alguna parte o por alguna vía tuviese algún tanto de poder de gente, que ellos asimismo estaban prestos de le ayudar en semejante necesidad y resistencia que quería hacer, cosa que no solamente a él solo tocaba, sino a ellos asimismo, y a cada uno por sí; y que asimismo enviarían a las demás provincias y pueblos que con cada uno confinaba,[23] a pedir sus socorros y favor, y que con sus gentes y con las tales ayudas, aquellos le prometían de le ayudar y socorrer, cada y cuando aquellos viesen que él tenía alguna parte de gente para ponerse en la tal resistencia; la cual le agradecían y rogaban que así lo hiciese, que ellos asimismo lo harían lo que dicho tenían.» Todo lo cual oído por los mensajeros, se volvieron donde su señor estaba, al cual dijeron la respuesta que ya habéis oído. Y oído por Inca Yupanqui, recibió muy grande pena por verse solo, viendo la voluntad y ofrecimientos que los caciques le hacían, considerando en sí que tenían junto[24] y pedían lo que era razón, quel tuviese alguna gente, con la cual la de los tales caciques y ayuda que le fuese hecha [se juntase]. Y estando en esta pena, dicen que sería ya hora del Sol puesto y que ya oscurecía la noche, y como fuese anochecido, que

23 Confiaba, en n. orig.
24 Parece que debería decir, era justo.

dijo a sus compañeros y a los demás sus criados, que se quedasen todos allí juntos como estaban, y que ninguno saliese con él; y así se salió del aposento solo sin llevar otro ninguno consigo.

Capítulo VIII. En que trata del ser y virtudes de Inca Yupanqui, y de cómo, apartado que fue de sus compañeros, se puso en oración; y cómo tuvo, según dicen los autores, revelación del cielo; y cómo fue favorecido y dio batalla a Uscovilca y le prendió y mató en ella, y de otros casos y cosas que acaecieron

Inca Yupanqui era mancebo muy virtuoso y afable en su conversación; era hombre que hablaba poco para ser tan mancebo, y no se reía en demasía de manera, sino con mucho tiento; y muy amigo de hacer bien a los pobres; y que era mancebo casto, que nunca le oyeron que hubiese conocido mujer; y que nunca le conocieron los de su tiempo decir mentira y que pusiese cosa que dejase de cumplir. Y como él tuviese estas partes de virtud y valeroso señor, aunque mancebo, y fuese de grande ánimo, considerando su padre a este ser de Inca Yupanqui su hijo, reinó envidia en él y aborrecíale, porque quisiera que un hijo mayor suyo, que se decía Inca Urco, tuviese este ser de Inca Yupanqui; y como él viese que esta virtud reinase en Inca Yupanqui, no consentía que se pusiese delante dél, ni daba ocasión para que nadie conociese dél que le amaba; porque, como viese que tenía tan grandes partes, temía que después de sus días los señores del Cuzco y la demás comunidad le alzasen a este por tal Señor, y que aunquél dejase a Inca Urco por tal Señor, los tales señores le privarían deste estado, por ver en él que era algo simple y que no reinaba en él aquella capacidad y ser que en Inca Yupanqui; al cual amaban todos de gran voluntad, como ya habéis oído.

Y como el Viracocha quisiese a Inca Urco dejarle en su lugar después de sus días, hacía que le hiciesen los señores de la ciudad del Cuzco y la demás gente aquel acatamiento y respeto que hacían a su persona; y así, le hacía servir y que le sirviesen los señores del Cuzco con las insignias reales que a su persona hacían; que eran, que delante dél no parecía ninguno, por señor que fuese, ni ninguno de sus hermanos, con zapatos en los pies, sino descalzos y las cabezas bajas todo el tiempo que delante dél estuviesen hablando o que le trajesen algún mensaje; comía solo, sin que nadie osase meter mano en el plato quél comía; traíase en andas y hombros de señores; si salía a la plaza, sentábase en asiento de oro; tenía tirasol hecho de pluma de avestruces teñidas de colorado; bebía en vasos de oro, y asimismo eran las demás vasijas del servicio de su casa, de oro; tenía muchas mujeres; de todo lo cual era muy ajeno Inca Yupanqui, por ser, como ya habéis oído, aborrecido de su padre, y tener amor a Inca Urco. Y así, cuando vido Viracocha Inca que se había quedado Inca Yupanqui en la ciudad del Cuzco, holgóse dello, pensando que allí acabaría sus días, y cuando le envió a pedir el socorro que ya habéis oído, no lo quiso socorrer.

Y apartándose Inca Yupanqui de sus compañeros la noche que ya la historia os ha contado, dicen que se fue a cierta parte do ninguno de los suyos le viesen, espacio de dos tiros de honda de la ciudad, y que allí se puso en oración al Hacedor de todas las cosas, que ellos llaman Viracocha Pachayachachic, y questando en su oración, que decía en esta manera: «Señor Dios que me hiciste y diste ser de hombre, socórreme en esta necesidad en que estoy; puesto eres mi Padre, y tú me formaste y diste ser y forma de hombre, no permitas que yo sea muerto por mis enemigos; dame favor contra ellos; no permitas que yo sea sujeto dellos; y pues tú me hiciste libre y solo a ti sujeto, no permitas que yo sea sujeto destas gentes que así me quieren sujetar y meter en servidumbre; dame, Señor, poder para podellos resistir, y haz de mí a tu voluntad, pues soy tuyo.» Y cuando[25] estas razones decía, las decía llorando de todo corazón. Y que estando en su oración, se cayó dormido, siendo vencido del sueño; y questando en su sueño, vino a él el Viracocha en figura de hombre, y que le dijo: «Hijo, no tengas pena, que yo te enviaré, el día que a batalla estuvieres con tus enemigos, gentes con que los desbaratar y quedes victorioso.» Y que Inca Yupanqui, entonces, recordó deste sueño que sería ya hora que quería amanecer, y como estuviese deste sueño alegre, tomó ánimo, y que se fue a los suyos, y que les dijo que estuviesen alegres, porque él lo estaba, y que no tuviesen temor que no serían vencidos de sus enemigos, que él ternía gente cuando menester la hubiese; y no les quiso decir más, ni otras cosas de qué, ni de cómo, ni de dónde, aunque ellos se lo interrogaron. Y que de allí adelante, cada noche se apartaba de sus compañeros y se iba al sitio do su oración había hecho, a do siempre la continuó hacer ni más ni menos que la primera vez lo hizo, y no para que le viniese cada noche el sueño que la primera.

Mas de que, la postrer noche, questando él en su oración, que tornó a él el Viracocha en figura de hombre, y estando despierto, y que le dijo: «Hijo, mañana te vernán los enemigos a dar batalla, y yo te socorreré con gente, para que los desbarates y quedes victorioso.» Y otro día de mañana, dicen que descendiendo Uscovilca con su gente por Carminga [Carmenca] abajo, que es un cerro que estaba a la descendida a la ciudad del Cuzco, yendo de la ciudad de Los Reyes, y como descendiese este Uscovilca con todo su poder y gente, que asomaron veinte escuadrones de gente no vista ni conocida por Inca Yupanqui ni los suyos, la cual gente asomó por la parte de Collasuyo, y por el camino de Acha, y por el camino de Condesuyo; y como llegase esta gente a do Inca Yupan-

25 Quien, en n. orig.

qui estaba, el cual estaba mirando con sus compañeros cómo descendían a él sus enemigos, y que como a él llegasen los que en su favor venían, que le tomaron en medio diciéndole: Apu Capac Inca aucaccata atipullac chaymiccanqui hina (?) punchaupi;[26] que dice: «Vamos, solo rey, y venceremos a tus enemigos, que hoy en este día ternás contigo prisioneros», Y que así se fueron a la gente de Uscovilca que venia con todo hervor los cerros abajo, y encontrándose, trabaron su batalla y pelearon desde la mañana, que fue la hora que se juntaron, hasta medio día; y fue de tal suerte la batalla, que de la gente de Uscovilca murió muy mucha cantidad de gente, y ninguno fue tomado a mano que no muriese. En la cual batalla el Uscovilca fue preso y muerto; y como los suyos le viesen muerto y viesen la gran matanza que en ellos se hacía, no acordaron de aguardar más, y dando la vuelta por el camino por do habían venido, huyeron[27] hasta llegar al pueblo de Xaquixaguana, donde se tornaron a recoger y rehacer.

Y escapando deste desbarate algunos capitanes de Uscovilca, enviaron a hacer saber esta nueva luego a su tierra, y que les enviasen socorro; y asimismo enviaron a hacer saber esta nueva a los capitanes Malma y Rapa, capitanes que habían ido conquistando por las provincias de Condesuyo hasta la de los Chichas, como ya la historia lo ha contado; los cuales volvían ya victoriosos y triunfando de las provincias que en esta jornada habían sujetado y conquistado, y venían muy prósperos, y traían grandes despojos. Y asimismo enviaron sus mensajeros los capitanes desbaratados que en Xaquixaguana hacían junta, a los otros dos capitanes que asimismo había enviado Uscovilca desde su pueblo de Paucaray a des-

26 Con duda interpretamos lo que se lee en n. orig.: Acucapa yuga aucaguita atixullac xaymocran quihenia punchaopi.

27 Huyendo, en n. orig.

cubrir y conquistar las provincias y pueblos que hallasen; los cuales habían entrado por la provincia de los Andes y habían ido conquistando hasta aquella parte de los Chiriguanaes, que es doscientas leguas y más, a donde llegaron desde este Paucaray; los cuales capitanes se llamaban Yana Vilca y Teclo Vilca, a los cuales toparon los mensajeros, que venían ya de vuelta victoriosos y con grandes [despojos?]. Y como los unos y los otros supiesen la muerte de su señor Uscovilca, y cómo le hubiesen desbaratado y de la manera, diéronse toda la más brevedad que pudieron, así los unos como los otros, con los capitanes que del desbarate de Uscovilca habían escapado, que hacían juntas en Xaquixaguana, como ya habéis oído; donde siendo ya todos juntos, los dejaremos y volveremos a hablar de Inca Yupanqui, que estaba victorioso.

Capítulo IX. En que trata cómo Inca Yupanqui, después de haber desbaratado y muerto a Uscovilca, tomó sus vestidos e insignias de Señor que traía, y los demás capitanes prisioneros que había traído, y las llevó a su padre Viracocha Inca, y las cosas que pasó con su padre, y cómo ordenó el padre de lo matar, y cómo se volvió Inca Yupanqui a la ciudad del Cuzco; y cómo desde cierto tiempo murió Viracocha Inca, y de las cosas que entre ellos pasaron en este medio tiempo; y de una costumbre que estos Señores tenían en honrar los capitanes que de la guerra venían victoriosos

El cual, después de haber muerto a Uscovilca, mandó tomar sus vestiduras e insignias que en la guerra traía, así de oro y plata, [y] joyas que sobre él traía, como de ropa de plumas, plumajes y armas y arreos de su persona; y metiéndose en unas andas, se partió para do su padre Viracocha Inca estaba, llevando consigo a sus amigos, los tres que con él habían quedado, como ya la historia os lo ha contado, Vicaquirao, Apu Mayta y Quiliscachi Urcoguaranga, y dos mil hombres de guerra que guardaban su persona. Donde, llegado que fue a donde su padre estaba, le hizo el acatamiento que a su Señor y padre debía, y asimismo le puso delante las insignias, armas y vestidos del chanca Uscovilca, que él había ya vencido y muerto; y rogóle que se las pisase aquellas insignias del enemigo que había vencido, y asimismo le rogó que le pisase ciertos capitanes de Uscovilca que presos él allí llevaba, haciéndoselos echar por tierra. Porque, habrán de saber, que tenían una usanza estos Señores, que cuando algún capitán y capitanes venían victoriosos de la guerra, traían las insignias y adornamentos de los tales señores que en la guerra mataban y prendían; y como entrasen los tales capitanes por la ciudad del Cuzco victoriosos, y traían delante de sí las insignias y prisioneros, y poniénlas delante de sus Señores, y los Señores, viendo el tal despojo e insignias y prisioneros delante de sí, levantábase el tal Señor, y pisábalo y daba un paso por encima de los tales prisioneros. Y esto hacían los tales Señores, en señal de que recibían los tales que lo traían triunfo y favor del Señor, y era aceptado en servicio el trabajo que así habían pasado en sujetar y vencer los tales enemigos. Y asimismo, el Señor a quien era pedido que pisase las tales cosas y prisioneros, recibía y había, haciendo aquello, posesión y señorío de las tales tierras que así eran ganadas y vasallos que en ellas vivían.

Y al fin de aquesto, queriendo tener Inca Yupanqui todo respeto a su padre, aunque no le había querido dar favor, le trajo delante dél todas las cosas que habéis oído, para que su padre dél recibiese aquel servicio y aprendiese la posesión de los tales enemigos por sus vasallos, sujetados por capitán suyo. El cual, como viese las tales insignias delante de sí, y los capitanes que así le traía presos en señal de su victoria, y quél le pedía que se los pisase como tal su Señor y padre, en esta sazón tenía consigo el Viracocha Inca un principal del Uscovilca que le había sido enviado por el Uscovilca, para que con él concertase de la manera que se le había de dar y las condiciones que con él quería poner; y como hasta aquella hora no hubiese dado orden, teníale él consigo, y no habiendo él sabido lo que le había pasado con el Uscovilca, Viracocha Inca no tuvo por cierto ser aquello que el Inca Yupanqui traía delante dél, de Uscovilca, y que él le hubiese muerto y desbaratado; y como él no estuviese satisfecho de lo que vía, mandó que pareciese allí delante aquel principal que con él estaba, el cual se llamaba Guaman Guaraca, que es el que Uscovilca enviaba para hacer los conciertos, como ya habéis oído; y como cosa que tenía por sueño, preguntó el Viracocha Inca al Guaman Guaraca: «Dime, ¿tú conoces estos vestidos e insignias que sean de tu señor Uscovilca?» Y como los viese el Guaman Guaraca, y conociese y viese los capitanes de su Señor echados por tierra, puso los ojos en el suelo y comenzó a llorar, y echóse allí en tierra con ellos.

Y como esto viese Viracocha Inca que era verdad que hubiese habido victoria de sus enemigos Inca Yupanqui, su hijo, tomó gran pesar y envidia dello, por gran odio que le tenía, como ya os he contado; todo lo cual conoció en él Inca Yupanqui su hijo, con gran pesar. Y no teniendo respeto a aquello, sino a que era su padre y Señor, tornóle a rogar Inca Yupanqui que le pisase como su Señor y padre; a lo cual respondió Viracocha Inca, que lo mandase meter en cierto aposento y que lo pisase primero su hijo Inca Urco, que era el hijo quél más quería, en quien él pensaba dejar después de sus días su estado y lugar de su persona, como ya hemos contado. A lo cual respondió Inca Yupanqui, que a él, como a su padre, rogaba que se lo pisase, que él no había ganado victoria para que se lo pisasen semejantes mujeres como eran Inca Urco y los demás hermanos; que se lo pisase él como persona a quien él tenía por su Señor y su padre; si no que se iría.

Y estando en esto, hizo llamar Viracocha Inca un señor de los que consigo tenía, y hablándole a solas, le dijo que sacase secretamente la gente de guerra que consigo tenían, y que la llevase a cierta quebrada de monte y paja alta donde estuviese secretamente; y que tan de mientras quél iba, quél ternía en palabras a Inca Yupanqui en cierto aposento, mientras él emboscase allí a la gente; y que dentro del aposento, si él pudiese, a manos le mataría; y que si de allí escapase, que le matase él en la quebrada del monte por do había de tornar a volver el Inca Yupanqui. Y esto concertado, salióse aquel señor a hacer lo que le mandaba Viracocha Inca.

Viracocha Inca volvióse a Inca Yupanqui y comenzóle de hablar con buenas palabras y a mostrarle rostro alegre. Ya que le pareció que habría hecho aquel capitán suyo lo que le había mandado, levantóse el Viracocha Inca y rogó a Inca Yupanqui que metiese aquellas cosas que llevaba de Uscovilca dentro del aposento do antes le había rogado que las mandase meter, para que las pisase su hijo Inca Urco y que luego se las pisase él. Tornóle a responder Inca Yupanqui que las pisase él, si quisiese, y si no que se iría, como ya le había dicho. Y viendo Viracocha Inca que no podía acabar con él que las pisase Inca Urco, pensando de le matar dentro del aposento, dijo que lo mandase meter dentro del aposento, questando ellos solos, lo pisaría delante dél. Y estando en esta porfía, llegáronse a Inca Yupanqui sus tres buenos amigos, y sospechando la traición que Viracocha Inca quería hacer, no consintieron que Inca Yupanqui entrase en el aposento.

Y estando en esto, llegó a Inca Yupanqui un capitán suyo de los que él con la gente de guarda traía, y díjole que habían visto salir cierta gente de guerra de allí del peñol, los cuales habían salido uno a uno y de dos en dos, y que era mucha cantidad de gente la que había salido, y que algunos de ellos llevaban lanzas y alabardas, y que iban por el camino do ellos habían venido; que sospechaba que aquestos fuesen a tomar algún paso para desque volviesen, o que fuesen a tomar y robar lo que ellos en la ciudad del Cuzco tenían, y a tomársela. Y como aquesto le dijese aquel su capitán delante de sus tres buenos amigos, rióse Inca Yupanqui de ver que su padre le quería matar de aquella manera, y de conocer que reinaba envidia en él, y estándole él rogando que se sirviese de todo ello y que se lo aceptase en servicio. Y como hubiese oído lo que aquel capitán le decía, dijo a los dos de aquellos sus tres amigos que tomasen la mitad de la gente que él en su guarda allí había traído, y que así como habían salido los del peñol a le hacer traición, que así los enviasen ellos uno a uno y dos a dos, los cuales fuesen en seguimiento de los que por Viracocha eran enviados, y que mirasen si los tales se emboscasen en algunos montes o quebradas, y si iban al Cuzco; y con lo que así viesen y entendiesen, volviesen a el a le avisar de lo que así pasaba, para que él, teniendo entendimiento y siendo avisado de lo que era, diese orden en lo que había de hacer con los que quedaban; y si caso fuese que los tales tuviesen hecha alguna emboscada, que allí do tuviesen razón y entendimiento dello, hiciesen alto, no avisando ni poniéndose de manera que los enemigos tuviesen entendimiento que los habían entendido; y que se fuesen luego con toda brevedad, porque él concluiría en breve con su padre, y con lo que así hiciesen luego se volverían.

Y así, sus buenos dos amigos, rogándole [rogáronle] que por ninguna vía entrase a solas en el aposento con su padre, porque no le matasen en alguna traición; y lo mismo encargaron a Apu Mayta, que quedaba con él, que mirase por su señor; y así salieron estos dos señores y mandaron entrar dentro do Inca Yupanqui estaba doscientos indios con sus hachas en las manos, a los cuales mandaron que se pusiesen en torno de donde Inca Yupanqui estuviese, y que le mirasen y guardasen, no le fuese hecha alguna traición. A la demás gente que allí quedaba, mandaron que se quedase a la puerta do Inca Yupanqui estaba, y que si sintiesen algún estruendo de gente dentro, entrasen de golpe todos, y que mirasen por su señor.

Y esto hecho, tomaron la gente que Inca Yupanqui les había mandado, y echando delante cincuenta indios, uno a uno, dos a dos, cubiertas sus mantas (así), muy disimuladamente, bien así como habían salido los que había mandado Viracocha Inca que delante saliesen; los cuales cincuenta indios fueron descubriendo y mirando por sus enemigos. Y como fuesen derramados y grande espacio unos de otros, un indio destos que delante iba, ya que llegaron junto a la quebrada de la leña y arroyo do la paja alta era, vio los enemigos que estaban emboscados; los cuales, como los viesen asomar, dejáronse todos caer sobre la paja, pensando que los habían visto. Y este indio, como los viese, sentóse en el suelo e hizo que se pasaba a atar cierta atadura de sus zapatos, la cual disimulación era seña y aviso para sus compañeros que detrás dél venían; al cual, como le viesen en la manera que habéis oído, de uno en otro volvió la nueva a los dos señores que detrás dellos venían, los cuales, como entendieron que era emboscada, mandaron a todos los suyos que se recogiesen y juntasen allí do la voz les había tomado, excepto a los cincuenta que delante habían salido; a los cuales mandaron que se anduviesen por allí mirando y descubriendo a los que estaban en la emboscada si salían o pasaban delante, y avisasen al que ataba los zapatos, llegando un indio bajamente a él, el cual le dijese que mostrase que ataba y desataba sus zapatos y otras cosas de su traer, con lo cual mostrase disimulación de lo que allí entendía.

Y dejando esto en este estado, volvamos a Inca Yupanqui, el cual, como hubiese proveído en lo que habéis oído, rogó a su padre que le pisase aquellas insignias de prisioneros que allí le había traído de Uscovilca, al cual respondió Viracocha Inca, que no quería, si no lo pisaba primero Inca Urco; y a esto dijo Inca Yupanqui, que por ser él su padre y por le tener respeto y dalle obediencia como a tal su Señor, había él venido allí a su pueblo a que le pisase aquello, y asimismo a le rogar que se volviese a su pueblo y ciudad del Cuzco; pues él, como su padre y en su nombre le había ganado aquel empresa, que quisiese salir de allí e irse a la ciudad del Cuzco y entrase triunfando con aquellos capitanes y cosas de Uscovilca, porque aquella había sido su intención y a lo cual había venido allí; que otra manera, que no tenía él que traer lo quél había ganado a que lo pisase semejante Inca Urco, su hijo mayor. Y acabado de decir esto Inca Yupanqui a su padre Viracocha Inca, mandó tomar las vestiduras y lo demás de Uscovilca, y mandó levantar los prisioneros del suelo, que hasta aquella hora habían estado tendidos en tierra, y así se salió Inca Yupanqui, enojado y corrido de que su padre no hubiese querido pisarle sus prisioneros y lo que ya habéis oído. Y pesábale que su padre mostraba estar tan mal con él que le quisiese matar y procurar la muerte, viendo él en sí que no le había dado causa para que dél hubiese enojo y dél tuviese malquerencia, sino que antes procuraba y había procurado hacerle todo servicio, y hacerle todo placer y contentamiento; y como conociese que el enojo y pasión que dél tenía era por envidia de ver quel excedía a todos sus hermanos, tenía algún tanto de pasión por ello.

En así se salió de donde su padre estaba, considerando estas y otras muchas cosas; y cómo llegase a do sus dos buenos amigos estaban con su gente esperándole y teniéndole avisado de la traición que le tenían armada, pensando de le tomar descuidado, dijo allí a sus capitanes que hiciesen tres partes aquella gente, y que las dos dellas fuesen divididas, la una por la parte del camino, y la otra por la otra, y la otra que fuese allí con él; y que estas dos partes que así iban divididas, fuesen encubiertas lo más que ser pudiesen, y que él entraría por el camino y por medio del monte, y que diesen por do la emboscada; y como sus capitanes dijesen: C ac'ayacha yaque,

que dice: ¡A ellos, a ellos!,[28] que luego su gente saliese, la que así iba cercando el monte, y que diesen en los enemigos, y que sin tener respeto a ninguno, no dejasen ninguno a vida.

Y esto así hecho y proveído, partió esta gente de guarda en la manera que ya habéis oído, e inca Yupanqui con la que así quedó, y yendo por el camino derecho; y llegando a la quebrada, Inca Yupanqui, do el monte estaba y la emboscada le era hecha, ya que iba al medio de ella, llevando su gente apercibida y avisada de lo que sospechaban, tiráronle[29] de dentro de la montaña una piedra a Inca Yupanqui y no le acertaron, mas de que dieron a uno de los que las andas llevaban; y visto esto por Inca Yupanqui y sus tres buenos amigos, dijeron en alta voz: ¡A ellos, a ellos!; y como su gente, que ya tenían el monte cercado, oyesen la voz, dieron en los de la emboscada de tal manera, que no se les escapó hombre.

Y llegado que fue Inca Yupanqui a la ciudad del Cuzco, mandó a su amigo Vicaquirao que volviese a su padre Viracocha Inca, y que le dijese que viniese a su ciudad, que le tenía guardadas las cosas ya dichas para que dellas triunfase; y así mandó que saliesen con él tres mil hombres que le guardasen y acompañasen. Y así, se partió Vicaquirao; y llegado que fue al peñol do Viracocha Inca estaba, hallólo que estaba en grande llanto él y los suyos por la muerte de los que Inca Yupanqui les matara en la emboscada, en la cual habían sido muertos muchos señores principales de los que con él tenía; y como tuviese nueva Viracocha Inca que de hacia el Cuzco venia gran golpe de gente de guerra, tenía que volvía su hijo sobre él a le matar a él y a los suyos que consigo tenía, y entró allí en breve consulta con los suyos, en la cual acordaron, que si de guerra venia su hijo sobre él y caso fuese que a plática

28 En los diccionarios quíchuas esta voz de ataque es Chaya-Chaya.
29 Tirándole, en n. orig.

viniesen de algún concierto u otra cosa en que fuese pedille vasallaje, que hiciese todo aquello que por él le fuese pedido y demandado. Y para saber quién venia, o en qué demanda venia el que allí venia, mandó Viracocha que saliese un señor de los que con él estaban puesto de luto y llorando, y que así mismo con él otros diez indios en la misma manera, y que saliesen del peñol uno en pos de otro, y queste señor fuese delante y que los indios que detrás dél iban, mirasen de qué arte los recibían la gente que así venía, si les prendía o hacían algún enojo, y de lo que así viesen le volviesen a avisar.

Y así, salió este señor en la manera ya dicha; y como llegasen a do Vicaquirao venia y llegasen a él, hizo su acatamiento, y lo mismo a él Vicaquirao; y como le viese así venir llorando, preguntóle que qué pasión había habido, aunque él bien sospechaba lo que era, porque él le había muerto por sus manos un hermano suyo en la emboscada. El señor le dijo que lloraba por un hermano suyo que en la emboscada había muerto; todo lo cual el Vicaquirao le riñó y le dijo ser mal hecho y acordado. El señor le respondió que él no era culpante en ello, y que Viracocha Inca lo había proveído sin darles parte. A esto le respondió Vicaquirao, que si Viracocha Inca lo había proveído, que lo que de allí había ganado que lo guardase, que no restituía tan aina los amigos y deudos que allí había perdido. El señor dijo que ya aquello era hecho, y que en ello no había que hacer ni hablar, que en acuerdo loco lo había proveído Viracocha Inca; que le rogaba que le dijese que a qué volvía y qué era su demanda. Vicaquirao se lo dijo, y entonces aquel señor le dijo a Vicaquirao el arma que les había dado y acuerdo que habían tenido, y lo que en el tal acuerdo se había acordado, y a lo que él había salido. Todo lo cual oído por Vicaquirao, le tomó muy gran risa a él y a los suyos que allí estaban en torno, y fue tan de gana este reír, que aquel señor se rió con ellos. Así, todos juntos se fueron a do estaba Viracocha Inca; y como así fuesen un espacio, éste rogó a Vicaquirao que le dejase ir delante, para asegurar a Viracocha Inca, que le había dejado alborotado a él y a todos los suyos con temor de lo que ya le había dicho; y así se fue este señor a do Viracocha estaba y le dijo a lo que Vicaquirao iba. Y dende a poco, llegó Vicaquirao a do el Viracocha Inca, y hízole su acatamiento, y díjole la embajada que de parte de Inca Yupanqui le llevaba que ya habéis oído; al cual respondió Viracocha Inca quél holgara de hacello si no entendiera que volver a el Cuzco, habiendo salido dél huyendo, le era cosa afrentosa, y que no estaría a él bien entrar en la ciudad, habiéndola desamparado y habiendo habido victoria un muchacho, como era su hijo Inca Yupanqui; que allí do estaba en aquel peñol de Cayuca Xaquixaguana,[30] pensaba hacer un pueblo con la gente que consigo tenía, y allí pensaba morir; y que más no le esperasen en el Cuzco, que no pensaba entrar más en él en sus días. Y así lo hizo Viracocha Inca, que pobló en aquel peñol, por cima de Calca, siete leguas del Cuzco, e hizo un pueblo las más de las casas de cantería.

Y como entendiesen y conociesen todos los más que con Viracocha estaban en el peñol, que Inca Yupanqui era tan guerrero y tan amigable a todos, lo cual le conocían desde su niñez, y tenían que siendo señor, como era, y habiendo acabado una empresa tan grande, que no podría dejar de hacer grandes mercedes a los que a él se llegasen y le quisiesen servir, y considerando esto, muy mucha gente, de la que allí consigo tenía Viracocha Inca, se fue a la ciudad del Cuzco. Inca Yupanqui los recibió con rostro alegre; y desculpábansele los tales que así iban y decíanle, que si le habían desmamparado, que su padre los había llevado; y él los res-

30 En el cap. VI va escrito este nombre de otra manera.

pondía a esto que le decían, que no tenía enojo contra ellos, que si habían ido con su padre, que habían hecho como buenos, que su padre era su Señor y de todos ellos. Así, como llegaban do él estaba viniéndose de donde su padre estaba, los recibía bien, y dábales tierras, mujeres, y casas, y ropa, y nunca quitó a ninguno cosa de las que allí había dejado, cuando con su padre saliera, como eran casas, tierras, depósitos de comida, y ropas que en sus casas así habían dejado; antes les decía a los tales, que él había quedado en guarda de sus haciendas, que como entendiese dellos que se habían ido a recrear con su padre, que él había quedado en guarda de sus haciendas todas, que cada uno mirase si le faltaba alguna cosa de su casa, que él como guarda que había quedado de ellas, les daría cuenta dello, y que a ninguno le faltaría cosa. Todo lo cual él había hecho proveer; y mandó a ciertos señores que no consintiesen que entrase nadie en ninguna casa que así habían dejado despoblada, porque siempre tuvo que los tales moradores de ellas, constándoles a cada uno por sí su gran magnificencia, se volvería cada uno así a su casa; y así se volvían, como ya habéis oído.

Y tornando a hablar de Vicaquirao, que había quedado con Viracocha Inca persuadiéndole y rogándole que se quisiese venir a su ciudad, lo cual nunca pudo acabar con él; y pasados los tres días que allí estuvo en su compañía, constándole que Viracocha Inca estaba en no querer volver al Cuzco, se volvió Vicaquirao. Llegado a la ciudad del Cuzco, dijo a Inca Yupanqui la respuesta que Viracocha Inca le dijera, que ya habéis oído, y lo demás que con él pasara; todo lo cual oído por Inca Yupanqui, pesóle, por ver que su padre no quisiera venir a ser Señor como lo era antes.

Capítulo X. En que trata de cómo Inca Yupanqui hizo juntar su gente y les repartió el despojo; y lo que se hizo de la gente que el Viracocha le diera por la oración que a él hiciera; y cómo tuvo nueva de la gente que hacían los capitanes de Uscovilca, y de cómo fue sobre ellos y los venció, y cómo, después de esto, tornó otra vez a partir el despojo que en esta batalla hubieron; y de las cosas que en este tiempo pasaron

Y viendo aquello, mandó juntar toda su gente la que con él al presente era, que dicen sería más de cincuenta mil hombres de guerra; y estos eran los que los señores comarcanos quedaron de le dar, si gente tuviese, que como viesen la multitud de gente que en favor de Inca Yupanqui venían, y como hubiesen quedado de le ayudar, lanzáronse ellos con toda su gente a le ayudar, con la gente que así venia en favor de Inca Yupanqui; [y] así le dieron favor estos comarcanos. Y dicen que acabada de dar la batalla a Uscovilca, y habido victoria por Inca Yupanqui, que la gente que el Viracocha le enviara, que luego se le desapareciera y que no viera consigo más destos cincuenta o sesenta mil hombres, que fueron los que mezclaron los comarcanos entre la gente que habéis oído.

Y haciendo Inca Yupanqui juntar su gente, mandó que ante sí trajesen todo el despojo de la batalla, tomando dello lo mejor que le pareció, para hacer dello sacrificio al Viracocha, por el favor y victoria que le diera de sus enemigos; y todo lo demás del despojo dio y repartió a todas sus gentes, conforme a su calidad y servicios. Y sabido que fue por la redondez y comarca desta ciudad la gran magnificencia del nuevo Señor y cómo sabía gratificar los servicios, hubo en toda la redondez gran contentamiento; y así se le vinieron muchos caciques y gente a se le ofrecer de todas partes y tener por Señor.

Y estando Inca Yupanqui en esta manera que ya habéis oído, vino a él un mensajero de un capitán suyo, que al presente estaba en guarda de la ciudad, dos leguas della, procurando saber de sus enemigos lo que hacían en la junta do se juntaban, por el cual le envió a decir, que los capitanes que se escaparon de la batalla huyendo do matóse a Uscovilca, que ya habéis oído, questaban ya rehechos en Xaquixaguana y confederados con los naturales della, y que de su tierra les había venido mucha gente y socorro; y que asimismo eran ya llegados allí los otros cuatro capitanes de Uscovilca que de Paucaray él les enviara a descubrir por las provincias de Condesuyo y Andesuyo, que ya la historia os ha contado; que como ya fuesen todos juntos, partían otro día por la mañana a le dar la batalla y a vengar la muerte de su señor Uscovilca. Sabida la nueva por Inca Yupanqui, mandó a los tres sus buenos amigos y a los demás caciques y señores que en su corte y servicio habían venido, que luego juntasen la gente de guerra y la sacasen a cierto campo, cada uno con sus armas, y que los contasen todos uno a uno. Y sacados y contados, hallaron de número cien mil hombres de guerra, la cual gente se le había juntado por la gran fama que dél se publicó. Y dicen que los enemigos que eran casi doscientos mil hombres. Y así, mandó Inca Yupanqui que fuesen hechos cuatro escuadrones desta su gente, mandando que cada cacique señor de los indios que allí eran, fuesen caudillos de su gente; y así repartidos, [nombró?] por generales de los tres escuadrones a sus tres buenos amigos, tomando para sí el uno de ellos; y proveídos todos ellos de las armas necesarias, mandó marchar su campo en busca de sus enemigos; los cuales, como supiesen que eran salidos del Cuzco, tornáronse a volver a

Xaquixaguana, donde le esperaron. Y el Inca Yupanqui con su gente, el día de la batalla, como se viese a vista de sus enemigos, y para romper y frontar con ellos, dicen que volvió la cara atrás a ver su gente y escuadrones, los cuales estaban divididos y cada uno por sí, [y] dicen que vio tanta gente que se le habían llegado en aquella sazón para le ayudar, que no se pudo contar; y afrontóse con sus enemigos tomándolos en medio y dándoles por todas partes, que fue tan cruel y tan reñida esta batalla, que la comenzaron ya alto el Sol, que sería a la hora de las diez, según ellos señalan, y a hora de vísperas fue conocida victoria della por Inca Yupanqui, donde fueron muertos de la parte de Inca Yupanqui más de treinta mil hombres, y de los Chancas, que eran los enemigos, no quedó hombre a vida; entre los cuales se hallaban que se habían metido los naturales de Xaquixaguana, y se habían hecho inciensar[31] los cabellos.

Y conocida la victoria y vencida la batalla, apartáronse a una parte todos los de Xaquixaguana, y todos juntos fueron delante de Inca Yupanqui, y echáronsele por tierra, a los cuales los de Inca Yupanqui quisieran matar por haber visto la muerte de los suyos. Inca Yupanqui se lo defendió, diciendo que no los matasen, que si con los Chancas se habían hallado, que sería por haber sido la junta en su tierra, y que no podían hacer otra cosa; y ellos asimismo decían las mismas palabras y daban la misma satisfacción. Y luego mandó Inca Yupanqui, que por cuanto eran orejones, que luego les fuesen trasquilados sus cabellos; y así ellos mismos se trasquilaron todos, viendo la voluntad del Inca y viendo que les hacía merced en aquello, y porquel traje de Inca Yupanqui y de los del Cuzco era andar atusados. Y esto hecho, mandóles que

31 Por perfumar. Probablemente sería uso de los chancas ungirse o darse olor en el cabello con algún aceite o especie de pomada.

se fuesen todos a su pueblo, y que viviesen en paz; y mandó a sus capitanes que no consintiesen que a aquestos de Xaquixaguana nadie les hiciese enojo ninguno ni les tomasen cosa, y si alguna cosa de sus haciendas en aquel despojo les fuese tomada, luego se la hiciesen volver.

Y luego mandó que todos los prisioneros fuesen traídos delante de sí; a los cuales, como allí fuesen, les preguntó ¿qué había sido la causa, constándoles que era su poder grande, que con él hiciesen otra vez batalla? Y siendo allí entre los prisioneros que allí fueron habidos los cuatro capitanes de Uscovilca que habían ido a descubrir, como ya la historia os ha contado, [dijeron, respondieron?] que la causa que les movió hacer la junta que hicieron en dar aquella batalla, que fue haber visto que su ventura era grande en las jornadas que habían andado y tierras que habían conquistado, dándole allí razón de las batallas y recuentros que en tal jornada cada uno dellos había habido, y que en ninguna de ellas nunca habían habido desgracia, sino que siempre habían sido victoriosos; y como esto les hubiese acaecido, teniendo que siempre su victoria estaba en pie, que habían querido dar aquella batalla, pensando restaurar aquella pérdida de su Señor y vengar su muerte. A lo cual respondió Inca Yupanqui, que lo habían mirado mal, y que si fueran gentes de entendimiento, que habían de presumir, que si habían habido victoria por la tierra que le decían que habían andado, que habían de considerar que la habían habido en ventura de su Señor Uscovilca, que en la tal demanda los había enviado, y que como viesen y hubiesen sabido que su Señor era desbaratado y muerto, que habían de presumir que ya les era acabada la ventura, y que él ni ellos no la tenían ya; y que para que ellos fuesen castigados y otros mirasen y oyesen, que en aquel sitio serían castigados ellos y todos los demás; y porque no fuesen otra vez [a] hacer gente, la cual a él le desasosegase y fuesen causa ellos de que otros questaban inocentes de se hallar en semejantes casos por donde perdiesen las vidas, como había sido muy muchos que ellos [a] aquella junta habían hecho juntar, que en aquel sitio serían castigados. Y así, los mandó llevar de delante de sí, y que en el sitio do la batalla se diera, y para que della hubiese memoria, en presencia de todos los de su campo mandasen hincar muchos palos de los cuales fuesen ahorcados, y después de aderezados [ahorcados], les fuesen cortadas las cabezas y puestas en lo alto de los palos; y que sus cuerpos fuesen allí quemados y hechos polvos, y desde los cerros más altos fuesen aventados por el aire, para que desto hubiesen memoria. Y así mismo mandó que ninguno fuese osado de enterrar ningún cuerpo de los enemigos que así habían muerto en la batalla, porque fuesen comidos de zorros y aves y los gusanos [huesos] de los tales fuesen allí vistos todo el tiempo. Todo lo cual fue hecho generalmente en la manera que habéis oído.

Y esto acabado, mandó hacer Inca Yupanqui que se recogiese todo el despojo y joyas de oro y plata que en el tal despojo se había habido, todo lo cual fue fecho; y traído delante dél y visto por él, mandó que así junto como estaba, lo llevasen a la ciudad del Cuzco, donde lo pensaba repartir y dar a sus amigos. Todo lo cual fue así llevado a él y se partió juntamente con ello para la ciudad del Cuzco, donde, llegado que fue, dio y repartió el tal despojo a los suyos, dando a cada uno lo que le pareció que le bastaba y conforme a la calidad de su persona. Y esto hecho y repartido, mandó que de su ropa y grandes ganados que en la ciudad había, [y] de otros bastimentos, mandó (así) que le fuese allí traído cierta cantidad, la que a él le parecía que a todos bastase; todo lo cual así traído, mandó a sus capitanes que lo repartiesen entre toda su gente; todo lo cual fue repartido.

Y hechas estas mercedes y otras muy muchas más que a sus capitanes él hizo, mandó que se fuesen a sus tierras a descansar, y agradecióles el favor y ayuda que le habían dado, y así se fueron todos, e inca Yupanqui quedó en su ciudad con los suyos. Y al tiempo que dél se despedían los tales señores para se ir a sus tierras, le rogaron que los quisiese recibir debajo de su amparo y merced y por sus tales vasallos, y que querían tomase la borla del Estado y ser de Inca; todo lo cual les agradeció Inca Yupanqui y respondióles, que al presente era vivo su padre y Señor, y que no era justo que mientras su padre viviese, él tomase la borla del Estado; que si al presente estaba allí, que era porquél era capitán de su padre; y que les rogaba dos cosas que por él hiciesen, que era la una, que de allí, así como iban, fuesen a do su padre estaba y le respetasen e hiciesen lo que él les mandase como tal Señor que era; y ellos dijeron que así lo harían. Y que la otra era, que le tuviesen a él por su tal amigo y hermano, y que cada y cuando quc por él les fuese enviado a les rogar, que lo hiciesen; y ellos dijeron que ellos no tenían otro Señor sino era él, y como a sus tales vasallos, de ellos podía hacer aquello que bien le estuviese; y él se lo agradeció.

Y así, se partieron,[32] e inca Yupanqui se quedó en la ciudad, y los tales señores caciques se fueron de allí derechos do Viracocha Inca estaba; y después de le haber hecho su debido acatamiento, como Inca Yupanqui se lo había mandado, le dijeron cómo Inca Yupanqui los enviaba allí a que viesen en qué era servido que ellos le sirviesen; y como Viracocha Inca los viese delante de sí y tan gran multitud de señores y de tanto poder, holgóse mucho de ello, porque dellos tenía gran

32 Repartieron, en n. orig.

necesidad al presente, para que le favoreciesen con algún tanto de sus rentas, para edificar aquel pueblo que allí quería hacer; y díjoles que fuesen muy bien venidos, y levantóse de su asiento y abrazólos a todos y tornóse a sentar en su silla, y mandólos a todos que así se sentasen; y mandó que sacasen muchos vasos de chicha, y que les diesen a beber; y luego les hizo sacar mucha cantidad de coca, una yerba preciada que ellos siempre traen en la boca, la cual yerba la historia adelante dirá. Y así repartida entre aquellos señores, levantóse en pie Viracocha Inca, [y] considerando, que pues su hijo le enviaba aquellos señores y ellos tanto le amaban y le querían por Señor, que era justo que él asimismo en ello les animase, les hizo cierta oración, por la cual él de su parte les agradecía lo que por él y por su hijo habían hecho, y que ya sabían y habían oído decir que él hasta allí había sido Señor del Cuzco, y que él se había salido dél por causas que para ello le movieron; y que de allí adelante Inca Yupanqui, su hijo, había de ser Señor en la ciudad del Cuzco, y que a él obedeciesen y respetasen, como su tal Señor, y que él desde allí se desistía de la insignia y borla real y la ponía en la cabeza de su hijo Inca Yupanqui. Todo lo cual oído por los señores, se levantaron en pie, y uno a uno fueron a él y le dieron grandes gracias, y mostraron que recibían en gran merced ellos el hecho del tal desistirse de la tal dignidad y darla a su hijo Inca Yupanqui, que ellos tanto amaban y querían por Señor; y esto hecho, se tornaron a sentar.

Y Viracocha Inca les rogó, que por cuanto él quería allí en el peñol do estaba edificar un pueblo, y que para ello tenía necesidad de su ayuda y gente, que les rogaba que tuviesen por bien de darle aquella ayuda; a lo cual le respondieron aquellos señores, que ellos habían venido allí para que él viese lo que ellos le pudiesen hacer algún servicio, como su Señor Inca Yupanqui se lo había mandado; y que aquello y otra cualquier cosa que él mandarles quisiese estaban prestos de lo hacer; que les dijese el tiempo y mes en que quería comenzar [a] hacer su obra, para que ellos enviasen allí sus principales e indios para que entendiesen en la hacer e hiciesen los tales edificios; y que él, entretanto, diese la traza del tal pueblo, e hiciese hacer de barro la figura de los tales edificios, que ellos le enviarían allí maestros que los supiesen bien hacer, así de cantería, como de la manera quél los quisiese. Y Viracocha Inca su hijo (así) se lo agradeció a todos ellos, y luego mandó sacar muchas cosas, como fueron hondas y petacas de coca, y ciertas piezas de ropa fina y otras muchas cosas entre ellos muy preciadas; todas las cuales fueron traídas delante dél, y siendo, él allí mismo por sus manos las dio y repartió a aquellos señores; y esto hecho, mandóles dar a beber, y que asimismo les fuese repartida cierta cantidad de coca. Y esto hecho, Viracocha Inca se levantó en pie y les agradeció la voluntad y amor que a él y a su hijo le mostraban y tenían; y díjoles el mes y tiempo en que habían de enviarle sus indios y gentes para que edificasen su pueblo; y así, los señores se levantaron en pie, y quedando con él de se los enviar, como dicho tenían, le hicieron su acatamiento, y así se despidieron dél; donde le dejaremos, y hablaremos de Inca Yupanqui.

Capítulo XI. En que trata de cómo Inca Yupanqui hizo la Casa del Sol y el bulto del Sol, y de los grandes ayunos, idolatrías y ofrecimientos que en ello hizo

Salidos que fueron aquellos señores caciques de donde Inca Yupanqui estaba, y fueron a do Viracocha Inca estaba, como ya la historia os ha contado, e inca Yupanqui quedase solo en su ciudad con los suyos, después de haber reposado dos días, parecióle que tenían ya ociosidad, y había tomado por recreación el ejercer de su persona; y así, salió un día de mañana de la ciudad del Cuzco, y llevando consigo los señores que allí consigo tenía, anduvo aquel día todas las tierras que en torno de la ciudad eran, y lo mismo hizo otro día siguiente; [y] después de las haber bien visto y mirado, vio la mala repartición y arte que el tiempo que allí su padre estuvo ellas tenían. El tercero día, también asimismo anduvo mirando, juntamente con los señores, el sitio donde la ciudad del Cuzco estaba fundada, todo lo cual, o lo más dello, eran ciénagas y manantiales, como ya la historia os lo ha contado, y las casas de los moradores della eran pequeñas y pajizas y mal edificadas y sin proporción de arte de pueblo que calles tuviese; y bien así como es el día de hoy junto a esta ciudad un pueblo que llaman Cayaucachi, era en aquel tiempo las casas y pueblo que agora es la gran ciudad del Cuzco.

Y como Inca Yupanqui viese tan mal parado este pueblo del Cuzco, y asimismo las tierras de labranzas que en torno dél eran, parecióle, viendo que tenía tiempo y gran aparejo para de nuevo reedificarla, y que primero que en el pueblo hiciese casa, ni el reparto de las tierras, que sería bien hacer y edificar una casa al Sol, en la cual casa pusiesen y fuese puesto un bulto en el lugar do el Sol reverenciasen e hiciesen sacrificios; porque, aunque ellos tienen que haya uno que es el Hacedor, a quien ellos llaman Viracocha Pachayachachic, que dice Hacedor del mundo, y ellos tienen que éste hizo el Sol y todo lo que es criado en el cielo y tierra, como ya habéis oído; careciendo de letras, y siendo ciegos del entendimiento en el saber, casi muchos varían en esto en todo y por todo, que unas veces tienen al Sol por hacedor, y otras veces dicen que el Viracocha; y por la mayor parte, en toda la tierra y en cada provincia della, como el Demonio les traiga ofuscados, y en cada parte que se les demostraba les decía mil mentiras y engaños, y así los traía engañados y ciegos, y en los tales lugares do así le vian ponían piedras en su lugar, a quien ellos reverenciaban y adoraban. Y como les dijese unas veces que era el Sol, y a otros en otras partes decía que era la Luna, y a otros que era su Dios y Hacedor, y a otros que era su lumbre que los calentaba y alumbraba, y que así lo verían en los volcanes de Arequipa;[33] en otras partes decía que era el Señor que había dado el ser al mundo, y que se llamaba Pachacama, que dice, Dador de ser al mundo; y así los traya, como tengo dicho, engañados y ciegos.

Y volviendo a nuestra historia, este Señor Inca Yupanqui, como quisiese hacer casa y adoratorio a quien él reverenciase y los demás de su pueblo, queriendo lo hacer a reverencia y semejanza del que había visto antes de su batalla, y considerando él quel que así viera, a quien él llamaba Viracocha, que le vio con gran resplandor, según ellos dicen, y en tanta manera que le pareció que todo el día era allí delante dél y su lumbre, lo cual viendo delante de sí, dicen que hubo gran pavor, y que nunca le dijo quién fuese; considerando él en sí, cuando esta casa quería edificar, que aquel que viera, según la lumbre que en él había visto, que debía de ser el Sol, y que como llegase a él y la primera palabra que le dijese «Hijo, no

33 Requipa, en n. orig.

tengas temor», y así los suyos, como la historia os ha contado, le llamaron después Hijo del Sol; y teniendo él así lo que ya habéis oído, propuso de hacer esta Casa del Sol.

Y como la propusiese, llamó los suyos y los señores de la ciudad del Cuzco que allí consigo tenía, y díjoles lo que así tenía pensado y que quería edificar esta casa; y ellos le dijeron que diese la orden y traza del edificio della, porque tal casa como aquella, ellos, los naturales y propios de la ciudad del Cuzco la debían edificar y hacer; e inca Yupanqui les dijo que la casa debía ser edificada luego, porque él así lo tenía pensado. Y visto por él el sitio do a él mejor le pareció que la casa debía de ser edificada, mandó que allí fuese traído un cordel, y siéndole traído, levantáronse del lugar do estaban él y los suyos, y siendo ya en el sitio do había de ser la casa edificada, él mismo por sus manos con el cordel midió y trazó la Casa del Sol; y habiéndola trazado, partió de allí con los suyos y fue a un pueblo que dicen Salu,[34] que es casi cinco leguas de esta ciudad, ques do se sacan las canteras, y midió las piedras para el edificio desta casa, y así medidas, de los pueblos comarcanos pusieron las piedras que les fue señaladas y las que fueron bastantes para el edificio desta casa; y juntamente con esto, trajeron todo lo demás que para el edificio desta era necesario; y siendo ya allí, pusieron por obra el edificio della, bien así como Inca Yupanqui la había trazado e imaginado. Andó él siempre y los demás señores encima de la obra, mirando cómo la edificaban, y así él como los demás, trabajaban en el tal edificio; la cual obra, como allí tuviese juntos los materiales y menesteres della, que en breve tiempo fue acabada.

34 O Sallu, más propiamente. En el cap. XVI lo escribe de otro modo, Saluoma [Sallu Uma].

Y como ya fuese acabada esta otra Casa del Sol que habéis oído, mandó Inca Yupanqui que luego fuesen juntas quinientas mujeres doncellas, y como allí fuesen traídas, ofreciólas al Sol, para que allí siempre estas tales doncellas sirviesen al Sol y estuviesen allí dentro, bien así como las monjas son encerradas; y luego, allí, llamando a un señor anciano y natural de la ciudad del Cuzco que a él le pareció que era hombre honesto y de buen ejemplo y fama, que estuviese y rigiese allí en la Casa del Sol, y que fuese mayordomo del Sol y de la tal casa. Y luego mandó que allí fuesen entregados doscientos mozos de servicio del Sol; y asimismo en aquella hora señaló ciertas tierras para el Sol, en que sembrasen estos doscientos yanaconas.

Y esto hecho, mandó Inca Yupanqui a los señores del Cuzco que, para de allí a diez días, tuviesen aparejado mucho proveimiento de maíz, ovejas y corderos, y asimismo mucha ropa fina, y cierta suma de niños y niñas, que ellos llaman Capacocha, todo lo cual era para hacer sacrificio al Sol. Y siendo los diez días cumplidos y esto ya todo junto, Inca Yupanqui mandó hacer un gran fuego, en el cual fuego mandó, después de haber hecho degollar las ovejas y corderos, que fuesen echados en él, y las demás ropas y maíz, ofreciéndolo todo al Sol; y los niños y niñas que así habían juntado, estando bien vestidos y aderezados, mandólos enterrar vivos en aquella casa, que en especial era hecha para donde estuviese el bulto del Sol; y con la sangre que de los corderos y ovejas habían sacado, mandó que fuesen hechas ciertas rayas en las paredes desta casa; todo lo cual hacía y los sus tres amigos y otros; todo lo cual significaba una manera de bendecir y consagrar esta casa; en el cual sacrificio andaba Inca Yupanqui y sus compañeros descalzos y mostrando gran reverencia a esta casa y al Sol. Y asimismo con la misma gente [sangre?] el Inca Yupanqui hizo ciertas rayas en la cara [a] aquel señor que era señalado por mayordomo desta casa, y lo mismo hizo a aquellos señores, sus tres amigos, y a las mamaconas monjas que para el servicio del Sol eran allí. Y luego mandó que todos los de la ciudad, así hombres como mujeres, viniesen a hacer sus sacrificios allí a la casa del Sol; los cuales sacrificios que así la gente común hizo, fue quemar cierto maíz y coca en aquel fuego que así era hecho, entrando cada uno destos uno a uno y descalzos, los ojos bajos; y al salir que así salían, después de haber hecho su sacrificio, a cada uno destos por sí mandó Inca Yupanqui que aquel mayordomo del Sol hiciese la raya misma que habéis oído, con la sangre de las ovejas, en los rostros destos que así salían, a los cuales les era mandado, que desde aquella hora hasta que el bulto del Sol fuese hecho de oro, todos estuviesen en ayuno, y que no comiesen carne ni pescado ni áun guisallo, ni llegasen a mujer, ni comiesen verdura ninguna, y que solamente comiesen maíz crudo y bebiesen chicha, sopena que el que el ayuno quebrantase, fuese sacrificado al Sol y quemado en el mismo fuego. El cual fuego mandó Inca Yupanqui que siempre estuviese ardiendo de noche y de día; la leña del cual fuego mandó Inca Yupanqui que fuese labrada y quemada mientras al ídolo se hiciesen en el fuego sacrificios, los cuales mandó que durante este tiempo hiciesen las mamaconas del Sol; las cuales asimismo estaban en grande ayuno y lo mismo el Inca Yupanqui y los demás señores.

Y esto hecho y proveído, mandó Inca Yupanqui que viniesen allí los plateros que en la ciudad había, y los mejores oficiales, y dándoles todo aparejo allí en las Casas del Sol, les mandó que hiciese un niño de oro macizo y vacíadizo, que fuese el tamaño del niño del altor y proporción de un niño de un año y desnudo; porque dicen que aquel que le hablara cuando él se puso en oración estando en el sueño, que viniera a él en aquella figura de un niño muy resplandeciente, y que él vino a él después, estando despierto, la noche antes que diese la batalla a Uscovilca, como ya os he contado, que fue tanto el resplandor que vio que dél resultaba, que no le dejó ver qué figura tenía; y así mandó hacer este ídolo del tamaño y figura de un niño de edad de un año; el cual bulto se tardó de hacer un mes, en el cual mes tuvieron grandes sacrificios y ayunos.

Y este bulto acabado, mandó Inca Yupanqui que aquel señor que había señalado por mayordomo del Sol, que tomase el ídolo, el cual le tomó con muchas reverencias, y vistióle una camiseta muy ricamente tejida de oro y lana y de diversas labores, y púsole en la cabeza cierta atadura a uso y costumbre de ellos, y luego le puso una borla según la del estado de los Señores, y encima della le puso una patena de oro, y en los pies le calzó unos zapatos, uxutas[35] que ellos llaman, asimismo de oro. Y estando así el bulto, llegó Inca Yupanqui a do el bulto estaba, el cual iba descalzo, y como llegase a él, hízole sus mochas[36] y gran reverencia, mostrándole gran respeto; y así, tomó el bulto del ídolo en sus manos y llevólo a do era la casa y lugar do él había de estar; en la cual casa estaba hecho un escaño, hecho de madera y muy bien cubierto de unas plumas de pájaros tornasoles de diversas maneras y colores, de las cuales y con las cuales era muy vistosamente labrado; en el cual escaño puso Inca Yupanqui el bulto del ídolo. Y siendo allí puesto, hizo traer un brasero de oro, y siendo encendido en él fuego, mandóle poner delante del ídolo, en el cual fuego y brasero hizo echar ciertos pajaricos y ciertos granos de maíz, y derramar en el tal fuego cierta

35 Xutas, en n. orig.

36 Manchas, en n. orig.

chicha; todo lo cual dijo que comía el Sol, y que haciendo aquello, le daba de comer; y de allí adelante se tuvo aquella costumbre ordinariamente; lo cual hacía aquel mayordomo dél, así como si fuera persona que comiera y bebiera; así se tenía especial cuidado de le guisar de comer diversas comidas y maneras de manjares, y así las quemaban delante, a la tarde y a la mañana en braseros de oro y plata, en la manera que ya habéis oído. Y dende allí adelante adoraban en aquel ídolo; y no entraban dentro del ídolo donde estaba, sino eran los señores principales, entrando con mucha reverencia y veneración, los zapatos quitados, y las cabezas bajas; y el Inca Yupanqui entraba solo, y él mismo por su mano sacrificaba las ovejas y corderos, haciendo él el fuego y quemando el sacrificio. Y cuando él así estaba haciendo el sacrificio, ningún señor osaba entrar dentro, y todos se quedaban en el patio, y allí hacían ellos fuera sus sacrificios y sus mochas y adoramientos. Y para en que la gente común adorasen allá fuera, porque no habían de entrar allá dentro si no fuesen señores, y éstos en el patio, hizo poner en medio de la plaza del Cuzco, donde agora es el rollo, una piedra de la hechura de un pan de azúcar, puntiaguda para arriba y enforrada de una hoja de oro; la cual piedra hizo asimismo labrar el día que mandó hacer el bulto del Sol, y esta piedra, para en quel común adorase, y el bulto, en la Casa del Sol, los señores; la cual casa era reverenciada y tenido en gran reverencia, no solamente el bulto, mas las piedras della y los sirvientes y yanaconas della eran tenidos por cosa bendita y consagrada.

Y al tiempo que la edificaban, estando asentando cierta piedra, quebróse de la juntura de la tal piedra un pedazo como tres dedos en ancho y largo, y mandó Inca Yupanqui que luego fuese allí derretida cierta plata y vaciada de tal manera en la piedra y quebrado della, que viniese al justo de lo que la piedra se quebró; todo lo cual era de cantería, y la juntura de la tal cantería de piedra con piedra era tan sutilmente asentado, que parecía raya hecha con un clavo en una piedra. En la cual se enterraban los señores principales en los patios y aposentos, excepto donde el ídolo estaba; y el día quel ídolo se puso en la casa, entraron en la ciudad, que no lo saben ni pueden enumerarlo, mas que dicen que la vez que menos ovejas y corderos allí sacrificaron, que pasaba de más de quinientos.

Capítulo XII. En que trata cómo Inca Yupanqui hizo juntar los señores de toda la tierra que hasta allí a él eran sujetos, y cómo fortaleció e hizo repartir las tierras en torno de la ciudad del Cuzco; y cómo hizo hacer los primeros depósitos de comidas y otros proveimientos que para el bien de la república en el Cuzco eran necesarios

Acabado de dar orden Inca Yupanqui y de haber hecho los ídolos y casas del Sol, que habéis oído, mandó en la ciudad del Cuzco que en un cierto día señalado fuesen juntos en ella todos los señores, caciques y principales que en las provincias y comarcas de en torno de la ciudad del Cuzco vivían y a él habían dado obediencia, para [por] que tenía ciertas cosas que comunicar con ellos; y oído el mando por los principales del Cuzco, luego enviaron sus orejones por las provincias y comarcas que ya habéis oído, con los cuales enviaban a mandar a los tales señores de ellas el mando que el Inca Yupanqui tenía hecho, y que para aquel día señalado fuesen todos a la ciudad. Y como los tales señores supiesen el mando que el Inca Yupanqui mandaba, con la más brevedad que posible les fue, se vinieron a la ciudad del Cuzco; y siendo ya todos juntos, Inca Yupanqui les dijo, que ya vian que el Sol era en su favor y que no era justo que se contentasen con poco; que le parecía que, porque andando el tiempo la guerra no les daría lugar a hacer sus tierras y repartirlas[37] de la manera que de una vez quería que se repartiesen, que para perpetuamente ellos y sus descendientes sembrasen y se sustentasen, que le parecía que sería bien que cada uno tuviese sus tierras señaladas y conocidas, para que las sembrasen y aderezasen cada uno dellos con la gente de sus casas y amigos, todo lo cual

37 En el epígrafe y en casi todo el texto del presente capítulo usó el copista equivocadamente del verbo reparar por el de repartir.

decía a los señores y moradores de la ciudad del Cuzco. Y así, todos juntos, viendo la merced grande que les hacía de darles las tierras que conociesen para perpetuamente a cada uno de ellos, todos juntos y a una voz le dieron grandes gracias, llamándolo e intitulándolo Intipchuri, que dice «Hijo del Sol.» Y luego de allí mandó Inca Yupanqui que todos fuesen a cierto sitio do las tales tierras estaban pintadas, donde, como allí fuesen, dio y repartió las dichas tierras, dando a cada uno de ellos las tierras que le pareció que le bastaban. Y esto hecho, mandó luego que aquellos tres señores sus amigos se las fuesen a repartir a todos los de la ciudad, bien así como se las había dado y señalado, y que esto hecho, volviesen todos ellos delante dél. Y así, los señores fueron y dieron y repartieron las tierras, y metieron en las posesiones de ellas a los tales que así les fue hecha la dicha merced por el Inca Yupanqui. [¿Mandó?] a los señores caciques que allí estaban, que le trajesen por cuenta cada uno de ellos los indios que allí consigo tenían; y luego los señores caciques le trajeron por quipo, que dice cuenta, la suma de los indios que tenían; y sabido por el Inca Yupanqui los indios que había, mandó[38] a los señores que luego los repartiesen por casas; y así fue hecho. Y mandó que luego otro día, que cada uno de los del Cuzco, como le había cabido la suerte de las tierras, saliesen a las aderezar y reparar y hacer sus caños y regaderas, todo lo cual fuese reparado y hecho de piedra de cantería, porque fuese el tal edificio de tal manera hecho, que para perpetuamente durase, mandándoles que pusiesen sus linderos y mojones altos, de tal manera hechos, que nunca se perdiesen, debajo de los cuales mojones y de cada uno dellos fuese puesta cierta carga de carbón, diciendo, que si en algún tiempo se cayese el mojón, que por el carbón que allí se hallase conocerían los

38 Mandado, en n. orig.

linderos de las tales tierras. Y esto proveído, Inca Yupanqui estuvo algunos días, mientras en el aderezar de las tierras se daba orden, holgándose y recreándose viendo como cada uno trabajaba y aderezaba la parte que le había cabido, y al que vía que con algún trabajo lo hacía, dábale ayuda. Y como viese que el edificio y reparación de las tales tierras iba largo y que según iban los reparos que los tales hacían, y que era edificio que no se podía acabar sin[39] ayuda, mandó que los señores y caciques que allí eran se juntasen en su casa cierto día, y luego fueron juntos bien así como él lo mandó; y siendo allí en su casa, díjoles que había gran necesidad que en la ciudad del Cuzco hubiese depósitos de todas comidas, así de maíz como de ají y frísoles y chochos, y chichas y quínua, y carnes secas, y todos los demás proveimientos y comidas curadas que ellos tienen; y que para aquello había necesidad que de sus tierras lo mandasen traer. Y luego los señores caciques dijeron que les placía de toda voluntad de lo mandar traer, que mandase que de la ciudad del Cuzco fuesen algunos orejones en compañía de los indios que así ellos enviasen, para que en sus tierras les constase a los que allá eran que era su voluntad que el tal proveimiento hiciesen a la ciudad del Cuzco, porque aquel era el primero que ellos hacían, y por ellos muy mucho deseado de hacer el tal servicio a la ciudad del Cuzco y a su Señor Inca Yupanqui. Todo lo cual les fue agradecido por Inca Yupanqui y mandó luego a aquellos señores del Cuzco que proveyesen allá en sus posadas, juntamente con aquellos caciques y señores, los orejones que así habían de ir por los pueblos y provincias a juntar y traer las tales comidas y mantenimientos. Y así, fueron los señores y sus capitanes e hicieron allá su junta ellos y los caciques, y repartieron lo que cada una provincia había de traer y con-

39 Con, en n. orig.

tribuir. Y así se les repartió a los caciques que allí eran los depósitos que así habían de hacer, y se les mandó y señaló el tiempo que de tantos a tantos años se le hiciesen in perpetuum, si por el Inca no les fuese mandado otra cosa; todo lo cual aceptaron de hacer los tales caciques, porque entendían que Inca Yupanqui era Señor que sabía bien satisfacer todo servicio que le fuese hecho.

Y luego allí en su junta los señores señalaron los orejones que habían de ir, y así mismo los caciques, los principales que con ellos enviaban; y así, se partieron estos orejones y principales a traer las tales comidas y proveimientos. Y los señores caciques salieron de su junta y fueron do Inca Yupanqui estaba, al cual le dijeron lo que así habían hecho y ordenado, como [a] ellos habían ordenado y avisado, y que los señalase los sitios y lugares do habían de ser hechos los depósitos, porque los que cada uno de ellos había de hacer, ya entre ellos los tenían repartidos. Y luego Inca Yupanqui les señaló ciertas chapas[40] y laderas de sierras que en torno de la ciudad del Cuzco están y a vista de él, y allí les mandó que luego fuesen edificados los tales depósitos, para que, cuando el tal proveimiento fuese traído, hallasen en qué lo meter. Y luego fueron los señores a los sitios que por el Inca les fueron señalados y pusieron por obra y edificio los tales depósitos. Y tardóse en hacer estos depósitos y repartir las tierras cinco años, porque fueron muy muchos los depósitos que hicieron, los cuales mandaba hacer Inca Yupanqui, por tener mucha cantidad de comida y tanta que no le faltase. Y mediante la comida que así tuviese, quería edificar la ciudad del Cuzco de cantería y reparar los arroyos que la cercan; y tenía en sí, que

40 No entiendo esta palabra, como no venga de chapascca, cosa poseída y hecha propia, que se aplicaba principalmente a los terrenos baldíos.

teniendo bastimentos en tanta cantidad que no le faltasen, que podía echar la gente que él quisiese [a] hacer y edificar los edificios y casas que así reedificar quería.

Y los depósitos hechos y proveídos, y siendo ya las tierras repartidas y acabadas de repartir, Inca Yupanqui mandó juntar los caciques y señores que, en todo lo ya dicho, le habían hecho servicio, y pareciéndole que era justo hacelles algunas mercedes y dalles algún contentamiento, y siendo así juntos, dióles y repartióles muchas joyas de oro y plata que mediante aquel tiempo que en la obra estuvieron las había mandado labrar; y asimismo les dio a cada dos vestidos de las ropas de su vestir, y ą cada uno dellos les dio una señora naturales del Cuzco, de su linaje, para que fuesen cada una destas mujeres principal del cacique a quien así le había dado, y que los hijos que en las tales hubiesen, fuesen herederos de los tales estados y señoríos que sus padres tuviesen; fundándose Inca Yupanqui por el deudo que con ellos por esta vía había, que nunca ninguno dellos en sus días se le rebelaría, y que habría entre ellos y de los de la ciudad del Cuzco perpetua amistad y confederación. Todo lo cual así hecho, y visto por los caciques las grandes injurias[41] que les hacía, todos se inclinaron a le besar los pies y a le dar grandes gracias. A los cuales mandó Inca Yupanqui que se fuesen a descansar a sus tierras, y que dende a un año volviesen a la ciudad del Cuzco, y que en este tiempo, cada uno de ellos en sus tierras hiciesen sembrar muchas sementeras de todas comidas, porque tenía que sería menester, andando el tiempo; y que les encomendaba que en sus tierras no hubiese ociosidad en los mancebos y en las mujeres, porque no fuesen causa las tales ociosidades de tener los suyos resabios de mal ejemplo; que procurasen ejecutar

41 Así en n. orig. ¿Qué palabra habrá dado lugar a este gazafatón del copiante?

[ejercitar], todo tiempo que no entendiesen en hacer sementeras, en las cosas de guerra, que los [y en los] semejantes ejercicios, como era en saber esgrimir hondas, tirar flechas, jugar con hachas a manera de pelea en batalla, blandir lanzas con rodelas en las manos; todo lo cual habían de hacer en sus tierras los mancebos, haciendo poner tantos a un cabo como a otro. Todo lo cual oído por los caciques, dijeron que así lo harían y que los decía lo que era bueno. Y así el Inca los despidió, y ellos, haciendo su acatamiento, se salieron y se fueron.

Capítulo XIII. En que trata de cómo se juntaron, después de un año pasado, los señores caciques, y cómo Inca Yupanqui hizo reparar los dos arroyos que por la ciudad del Cuzco pasan; y cómo casó los mancebos solteros que había, y cómo dio orden en el proveimiento de comidas que en la ciudad del Cuzco eran necesarias y república dél

Idos que fueron los caciques a sus tierras, aquel año que los tales caciques habían destar en sus tierras e inca Yupanqui, mediante este tiempo, que no tuviese que hacer, tomó por ejercicio de irse a cazar, lo cual hacía los más de los días; y otros días se andaba por la ciudad mirándola y el sitio della, imaginando él en sí la orden que le había de dar y el edificio y reedificación que en ella pensaba hacer, como viese que aquellos dos arroyos que la ciudad tomaban en medio, que eran gran perjuicio en ella; porque, como las lluvias viniesen cada año, ellos venían de avenida, y como así viniesen siempre, comían la tierra y se iban ensanchando y metiendo por la ciudad, y via que aquello era perjuicio para la ciudad y para los moradores della, y que para hacer sus edificios y casas que en ella pensaba edificar, que era necesario reparar primero las veras de aquellos dos arroyos, y que éstos reparados, podría edificar todo cualquier edificio sin temor que las tales avenidas se los desluciesen.

Y el año cumplido que a Inca Yupanqui le pareció que ya era tiempo que tales señores comarcanos viniesen, envióles sus mensajeros, por los cuales les enviaba a decir, que ya era tiempo que viniesen a la ciudad, como ya él les había dicho cuando de allí fueron; y que asimismo trajesen todos los más ganados que pudiesen, y comidas y mantenimientos, porque era ya llegado el tiempo que dellos y dello ternía necesidad. Todo lo cual oído por los caciques, como ellos tenían asimismo en cuidado lo que así les mandara cuando dél se partieron, luego se pusieron en camino, porque ellos ya tenían junto todo aquel menester para traerlo, y así estaban ya en camino; con todo lo cual se partieron y vinieron a la ciudad del Cuzco y trajeron consigo toda la más gente que pudieron.

Y llegados que fueron a la ciudad del Cuzco, hicieron su acatamiento al Inca en esta manera, porque esta era la usanza que se tenía cuando delante dél se vian: que como delante dél fuesen, alzaban las manos y los rostros al Sol, haciéndoles sus mochas y acatamientos, y luego asimismo las hacían al Inca no menos; y las palabras que así le decían cuando así le saludaban, que le decían: «¡Ah, Hijo del Sol amoroso y amigable a los pobres!» Esto dicho, poníanle delante sus presentes que así le traían, y luego le sacrificaban ciertas ovejas y corderos delante dél con todo respeto y acatamiento, como a hijo del Sol; y esto así hecho, el Inca los saludaba diciéndoles que fuesen bien venidos, y preguntándoles si venían buenos y si lo estaban asimismo sus tierras. Todo lo cual que habéis oído hicieron estos señores caciques con Inca Yupanqui, cuando delante dél se vieron, y él asimismo dijo lo que habéis oído. Y díjoles que diesen aquello que así traían a aquellos señores del Cuzco que allí estaban, y así se salieron de do el Inca estaba, y ellos y aquellos señores del Cuzco fueron do los depósitos eran, y pusieron todo el mantenimiento que traían a recaudo.

Y después de haberse holgado con el Inca y con los señores del Cuzco cinco días, en sus fiestas y regocijos, Inca Yupanqui les dijo lo que pensaba hacer, y como quería reparar y fortalecer aquellas veras de aquellos dos arroyos que por la ciudad pasaban, contándoles el perjuicio que la ciudad recibía; y ellos dijeron questaban prestos para hacer todo aquello que por él les fuese mandado; que les dijese la manera quen ello se había de tener, porque proveerían lo que para ello fuese necesario. Y así, Inca Yupanqui les señaló los nacimientos de los arroyos, y desde a donde a él le pareció que habían de comenzar los tales fortalecimientos y reparos, hasta la junta de los dos arroyos, que es el remate de la ciudad do ellos llaman Pumachupa [Pumapchupan], que dice «cola de león»;[42] y de allí mandó que este fortalecimiento y reparo llegase hasta Muyna,[43] ques cuatro leguas desta ciudad. Y así los señores caciques midieron con sus cordones el espacio que había desde el comienzo de donde Inca Yupanqui [dijo] que comenzasen, hasta la junta de los arroyos; y así medido, repartieron entre sí la parte que a cada uno cabía del edificio que así habían de hacer; y esto hecho, mandólos Inca Yupanqui que hiciesen traer mucha piedra tosca, porque de piedra tosca había de ser el reparo, y que la mezcla que había de entrar entre piedra y piedra, que mirasen que había de ser un barro pegajoso, que ya que el agua lo mojase, no lo despegase, y que antes estuviesen las piedras más asidas unas con otras y el agua no comiese la tal mezcla. Y así, los caciques dieron orden en buscar el tal barro y mezcla y traer la piedra tosca que así les era mandado todo; lo cual así traído, comenzaron su edificio. Y mandó que este edificio y fortalecimiento llegase hasta la Muyna;[44] porque, como fuese reparado este arroyo de la ciudad de abajo, por donde las tierras y sementeras eran, y a las lluvias viniesen las tales avenidas, este arroyo no rompiese las barrancas y se entrase por las tierras e hiciese mal y daño en los tales sembrados.

Y esto hecho y proveído, mandó a los señores del Cuzco que para cierto día quería con ellos comunicar cierta cosa

42 Colcidelon, en n. orig.
43 Machina, en n. orig.
44 Machina, en n. orig.

que convenía mucho al bien de la ciudad y su república; a los cuales dijo, como ya así fuesen juntos, que había gran necesidad de hacerse depósitos de ropa en cantidad, y que para aquello quería hacer una gran fiesta a los caciques, en la cual fiesta, viendo él que estaban contentos, que se lo quería decir y mandar que así lo hiciesen y lo proveyesen de sus tierras. Y los señores dijeron que era cosa muy conveniente y bien acordada, que ellos querían dar orden y mandar que se hiciese mucha chicha; y esto hecho y aderezado, hiciéronselo saber al Inca; el cual, como supiese que todo hecho estaba, dijo que otro día quería que comenzase la fiesta; y así mandó llamar todos aquellos caciques señores, y siendo delante dél, les dijo cómo se quería holgar y regocijar con ellos, y ellos lo recibieron a gran merced.

Y otro día de mañana fue traída mucha juncia y echada por toda la plaza y traídos muchos ramos que hincaron en ella, de los cuales ramos fueron colgados muchas flores y muchos pájaros vivos; y así, los señores del Cuzco salieron muy bien vestidos de las ropas que ellos más preciadas tenían, y el Inca juntamente con ellos; y asimismo vinieron los caciques, los cuales traían vestidos los vestidos que el Inca les diera.

Y luego fueron sacados allí a la plaza mucha y muy gran cantidad de cántaros de chicha; y luego vinieron las señoras, así las mujeres del Inca como las demás principales, las cuales sacaron muchos y diversos manjares; y luego se sentaron a comer todos, y después de haber comido, comenzaron a beber, y después de haber bebido, el Inca mandó sacar cuatro atambores de oro, y siendo allí en plaza, mandáronlos poner a trecho en ella, y luego se asieron de las manos todos ellos, tantos a una parte como a otra, y tocando los atambores, que así en medio estaban, empezaron a cantar todos juntos, comenzando este cantar las señoras mujeres que detrás dellos estaban; en el cual cantar decían y declaraban la venida que Uscovilca había venido sobre ellos, y la salida de Viracocha, [y cómo] Inca Yupanqui le había preso y muerto, diciendo que el Sol le había dado favor para ello, como a su hijo; y cómo después asimismo había desbaratado y preso y muerto a los capitanes que así habían hecho la junta postrera. Y después deste canto, dando loores y gracias al Sol y asimismo a Inca Yupanqui, saludándole como a hijo del Sol, se tornaron a sentar. Y asimismo comenzaron a beber la chicha que allí tenían, que según ellos dicen había muy mucha, y en muy gran cantidad. Y luego les fue traída allí mucha coca y repartida entre todos ellos; y esto así hecho, se tornaron a levantar e hicieron, asimismo como habéis oído, un canto y baile.

La cual fiesta duró seis [días], en fin de los cuales, el Inca les dijo a aquellos caciques señores, que para el ser del Cuzco convenía que en él hubiese depósitos de ropa, así de lana como de algodón; y que asimismo convenía que hubiese depósitos de unas mantas de cabuya bastas y gruesas, con unos cordeles de a dos palmos en las puntas dellas, con los cuales las atasen a los pescuezos como mejor les pareciese a los indios que así se diesen, las cuales se habían de repartir a los trabajadores y obreros que en los reparos de la obra de los arroyos andaban, y a los que asimismo en los demás edificios habían de andar, para que en las tales mantas de cabuya trajesen y acarreasen la tierra y piedra que así era necesaria para la tal obra, y que como tuviesen estas mantas ya dichas, no gastasen las suyas propias, que eran de lana y algodón, y sus capas con que ellos se cubren. Todo lo cual oído por los señores caciques que allí eran, dijeron a Inca Yupanqui que les placía y holgaban de lo hacer bien así como el Inca se lo había mandado.

Y salidos de allí, luego enviaron a sus tierras, pueblos y provincias; y para que hubiese efecto este beneficio, mandaron que luego en sus tierras fuesen juntas muchas mujeres, y puestas en casas y corrales, les fuese repartida mucha lana fina y de diversos colores, y que asimismo fuesen puestos y armados muchos telares, y que así hombres como mujeres, con toda la más brevedad que fuese posible, hiciesen la ropa que les había cabido, cada uno por sí, según la medida del largor y anchor que les fue dada. Y esta ropa así hecha y acabada, fue traída a la ciudad del Cuzco; y como allí fuese, el Inca mandó a los principales del Cuzco que la mandasen poner en los depósitos que para tal ropa así habían mandado hacer.

Y esto así hecho, el Inca y los señores y los demás caciques, anduvieron fortaleciendo y reparando estas veras destos dos arroyos de la ciudad del Cuzco, que ya habéis oído, andando siempre así él como ellos sobre los tales obreros que en la tal obra andaban, dándoles la más prisa que podían a que con toda brevedad hiciesen y acabasen los tales reparos y fortalecimientos, en la cual obra estuvieron cuatro años, dándose la brevedad que les fue posible hacer y acabar su obra.

Donde, como fuese acabada, el Inca ordenó y mandó que se hiciese otra fiesta, según que las que ya os hemos contado, en la cual fiesta participasen y gozasen della así los señores como los demás sus súbditos; en la cual fiesta estuvieron treinta días; en fin de los cuales mandó el Inca que luego saliesen de la ciudad del Cuzco cierta suma de orejones, los cuales fuesen por las tierras de aquellos señores que allí eran y supiesen y le trajesen por cuenta qué suma había en las tales tierras y pueblos de mancebos solteros y mozas solteras, mandándoles a los caciques y principales que enviasen a hacer saber a sus mayordomos, llactacamayos que ellos llaman, que aquella era su voluntad y mando, y que luego con toda brevedad les dijesen y diesen la cuenta a los tales orejones de lo que se enviaba a saber, los cuales con toda brevedad volviesen; todo lo cual fue así hecho y despachado. Y habida por los orejones en los tales pueblos y provincias la cuenta y razón de su demanda, volvieron a la ciudad del Cuzco, donde, siendo delante del Inca, le dieron la razón de lo que así habían sabido.

Y entendido por el Inca la cantidad de mancebos y mozas solteras que había en los tales pueblos y provincias, mandó a aquellos señores, sus tres buenos amigos, que luego se partiesen para los tales pueblos y provincias, y que llevasen consigo todos los caciques y señores que al presente allí eran con él, en presencia de los cuales, en cada pueblo y provincia que llegasen, casasen los mozos de una provincia con las mozas solteras de la otra, y las mozas solteras de la otra con los mancebos de la otra; y así fuesen haciendo por las tierras y sujeto de aquellos señores caciques que con él eran, para que creciesen y multiplicasen y tuviesen perpetua amistad, deudo y hermandad los unos con los otros. Y esto así proveído, el Inca hizo muchas y grandes mercedes [a] aquellos señores caciques, dándoles muchas dádivas; y así, se partieron aquellos señores del Cuzco y los demás caciques, y fueron a hacer lo que ya habéis oído.

Y así, quedó el Inca en la ciudad del Cuzco con los de la misma ciudad y con algunos señores de los pueblos de los que en torno de la ciudad están a una legua, y a media, y a menos; a los cuales mandó, y asimismo a los de la ciudad del Cuzco, que luego trajesen delante dél, un señor de aquellos por sí, los mancebos y mozas solteras que así en sus pueblos tenían. Y siendo traídos delante dél los tales mozos y mozas, el mismo Inca los casó a todos; y esto hecho, mandó sacar de los depósitos la ropa necesaria que a todos estos bastase, y él por su mano la dio y repartió a todos, así hombres como mujeres, dando a cada uno dos vestidos; y asimismo les dio a cada uno destos una manta de cabuya más de los vestidos que les daba, para que con la tal manta trabajasen sus labores y ejercicios y no gastasen en aquellos los vestidos que les daba; y asimismo les repartió y les hizo repartir el maíz y carne seca y pescado seco, y ovejas cupre[45] y loza con que se sirviesen, y todo lo demás que a él le pareció que necesario les era para tener casa cada uno dellos y lo necesario que les era tener en ella. Y mandó que cada cuatro días se diese y repartiese a todos los del Cuzco lo que cada uno había menester de comida y proveimiento, visto y sabido por la casa del [el?] número de servicio [que] cada uno dellos tenía, [y] que así les fuese dado el proveimiento que así les fuese necesario para sí y para su servicio, mandando que de los depósitos se sacasen los tales bastimentos y comidas, y que dellos se hiciesen en la plaza de la ciudad grandes montones de las tales comidas, y de allí se les fuese repartiendo por su medida, cuenta y razón, dando a cada uno lo que así hubiese menester; el cual beneficio mandó que siempre se hiciese y durase el tiempo que la ciudad del Cuzco fuese. Y así duró deste señor Inca Yupanqui este beneficio y proveimiento, hasta que los indios fueron sujetos con la entrada de los españoles en estos reinos, con cuya entrada todo esto se perdió y cebsó.

45 Así. ¿No será kquepi, avíos?

Capítulo XIV. En que trata cómo Inca Yupanqui constituyó y ordenó la orden que se había de tener en el hacer de los orejones, y los ayunos, ceremonias y sacrificios que en el tal ordenar se habían de hacer, constituyendo en este tiempo que esto se hiciese, una fiesta al Sol, la cual fiesta y ordenamiento de orejones llamó y nombró Raymi

Acabado de proveer Inca Yupanqui la orden que se había de tener en el proveimiento de la ciudad del Cuzco y su república, volvieron los señores sus tres buenos amigos que así él había enviado a casar los solteros, como ya la historia os ha contado; y siendo ya en el Cuzco estos señores y los demás que en la ciudad eran, mandó Inca Yupanqui que todos se juntasen en su casa otro día de mañana, porque quería comunicar con ellos cierta fiesta, la cual fiesta quería que se hiciese cada año al Sol, por la victoria que le había dado y hecho Señor; y porque desta fiesta hubiese memoria, quería constituir en ella cierta cosa que allá con ellos en su junta comunicaría. Y otro día de mañana se juntaron estos señores en las casas del Inca, que comunicó con ellos la fiesta que así quería hacer; y para que della hubiese memoria para siempre, díjoles Inca Yupanqui que quería bien que en esta fiesta se hiciesen los orejones con ciertas ceremonias y ayunos, porque una cosa semejante que aquella, que era señal e insignia para que por toda la tierra fuesen conocidos dende el menor hasta el mayor de aquella ciudad por tales señores e hijos del Sol, porque le parecía que, desde allí adelante, habían de ser tenidos y respetados los de aquella ciudad por los de toda la ciudad[46] y de la tierra más que habían sido hasta allí; y que porque habían de ser llamados hijos del Sol, quería que fue-

46 Así en n. orig; quizá debiera decir, por los de todas las ciudades de la tierra (de su imperio, se entiende).

sen hechos y ordenados orejones en aquella fiesta del Sol con muchas ceremonias y ayunos; porque los que habían sido hechos orejones hasta allí, ellos y sus padres les horadaban las orejas cada y cuando que querían y bien les estaba, y porque aquello era cosa que tan fácilmente se debiese de hacer, por lo que ya tenía dicho, que le parecía que en lo tal era bien que hubiese orden y ceremonias en la manera siguiente: Que se juntasen los deudos del mozo que así había de ser hecho orejón, como fuese natural de partes de padre de la ciudad del Cuzco y que él y su padre y madre fuesen señores, y si no, lo fuese el padre; y si caso fuese que no tuviese padre, que los deudos de su padre y más cercanos; y que éstos hiciesen cierta fiesta a todos los demás deudos, y que en esta fiesta diesen orden y dijesen como querían hacer orejón a aquel tal su hijo o deudo; que les regoci...[47] que en la tal fiesta se hallasen y con sus prosperidades y mantenimientos le favoreciesen; [y] aunque fuese el que la tal fiesta había de hacer el más rico de los deudos, se había de encomendar a que le favoreciesen los demás sus deudos en la tal fiesta y otras cosas que así le succdiesen, con lo que así tuviesen; porque les quería dar a entender, que por prósperos que fuesen, habían de tener en mucho a los que tenían no tanto, porque, al fin, podría ser posible que el que al presente se vía en prosperidad, que podría perderse, y el otro que no tenía tanto, estar aumentado en bienes y le podría socorrer; y porque siempre tuviesen una hermandad y confederación, daba aquella orden y aquella manera. Y que de allí adelante, que demás del nombre que de[48] Señor tenía, el sobrenombre que ellos y los demás le nombrasen cada y cuando que con él alguno hablase, que

47 Así en n. orig. ¿regocijaba?
48 Del, en n. orig.

le nombrasen Huaccha ccuyac,[49] que dice «amoroso de los pobres»,[50] [de] la cual institución, los demás sus descendientes así se intitularan.

Y volviendo al caso, díjoles, que, siendo así juntos, señalaran un día en el cual día se juntasen las mujeres de los tales deudos del que así había de ser hecho orejón, y siendo así juntas las tales mujeres, que los tales padres del mozo trajesen cierta lana negra, la que bastase para una camiseta para su hijo, y así traída, la repartiesen entre aquellas mujeres; y que otro día, en aquel mismo sitio, la hilasen y diesen hecha; y que el tal mozo, aquel día que la tal camiseta se hiciese, parta de allí por la mañana y vaya ayunando al campo, y lleve otros mozos consigo deudos suyos, y él y ellos cojan y traigan cada sendos haces de paja, porque no haya en ellos ociosidad, sino que sepan y deprendan a ser domeñados, y que si acaso fuere tuvieren necesidad de comida, que sepan qué cosa es andar en el trabajo y ayunando; y así traída esta paja, la den y repartan entre aquellas mujeres que la camiseta le han hecho; [y] dende a cinco días, se tornen a juntar otra vez y hagan otra fiesta, en la cual fiesta hagan aquellas mujeres cuatro cántaros de chicha, los cuales cántaros de chicha estén hechos desde que en esta fiesta fueren hechos, hasta que toda la fiesta del Sol se acabe, y questén siempre bien atapados; los cuales cántaros lleva cada uno cinco arrobas; y que dende a cinco días, este mozo vaya ayunando al cerro de Guanacaure, yendo solo, y coja otro haz de paja y repártala a aquellas mujeres que la chicha le hicieron; el cual mozo, desde que la camiseta se le teja y haga, ha de ayunar siempre hasta el día que haya uno de ser armado orejón; y que no coma sino fuere maíz crudo, y que no coma carne, ni sal, ni

49 Guacha y Coya, en n. orig.
50 Padres, en n. orig.

aun tenga que hacer con mujer; y dende a un mes que este ayuno comenzare, los tales parientes le traigan una moza doncella que no haya conocido a varón, la cual moza, estando asimismo en el ayuno, haga cierto cantarillo de chicha, el cual cantarillo llamen caliz;[51] y esta moza ande siempre en compañía deste mozo en los sacrificios y ayunos que mientras la fiesta durare [hiciere?], sirviéndole; y esta chicha hecha por la tal moza, los parientes del novel la tomen y lleven por delante, y asimismo la moza con él llevando aquel cantarillo de chicha llamado caliz; y así le llevan al tal novel a la guaca de Guanacaure, que es legua y media de la ciudad, y en una fuente que allí hay, los parientes laven todo el cuerpo a este novel, y después de lavado, le trasquilen el cabello muy tusado, y después de tusado, vístanle aquella camiseta que le hicieron aquellas mujeres primeras, de lana negra, y cálcenle unos zapatos hechos de paja, los cuales el mozo haya hecho estando en su ayuno, para que sepan, que si en la guerra anduviere y le faltaren zapatos, que los sepa hacer de paja y seguir los enemigos con ellos; y así estos zapatos calzados, pónganle en la cabeza una cinta negra, y encima desta cinta pónganle una honda blanca, y átenle al cuello una manta blanca que cuelgue a las espaldas, la cual haya de ser angosta de dos palmos en ancho y que le tome de la cabeza hasta los pies; y esto hecho, pónganle en las manos un manojo de paja del gordor de una muñeca, las puntas de la cual paja lleve para arriba, según aquella nace, y del remate desta paja cuélguenle cierto copo de lana larga, que casi parece un copo de cáñamo blanco y largo; y ya questé así, llegue a do la guaca

51 No doy con esta palabra, que debe estar notablemente alterada por el amanuense o no ser de la lengua quíchua. Pero es de notar, que uno de los sitios donde se practicaba cierta ceremonia de esta prolongada fiesta del horadar de las orejas, se llamaba Calispucquiu, o sea fuente o manantíal (pucquiu) de Calis.

está, y la moza que así consigo lleva, de aquel cantarillo caliz hincha dos vasos pequeños de chicha y délos al novel, el cual beba el uno, y el otro délo a beber al ídolo, el cual derramará delante dél. Y esto hecho, se descienda el tal novel y sus parientes de la guaca, y vénganse a la ciudad; y el novel traiga aquella paja, así enhiesta, en las manos; y siendo así en la ciudad, vistan al novel una camiseta colorada y con una lista blanca de abajo arriba por medio de la camiseta, con cierta flocadura según por el remate de la camiseta, y pónganle en la cabeza una cinta colorada con una lista de cualquier color; y estando así, pónganle aquella manera descapulario en las espaldas; y de allí, vayan a una guaca que yo mañana señalaré, la cual se llama Anaguarque, y llegados allí, hagan su sacrificio ofreciéndole cierta chicha y haciendo delante della un fuego, en el cual fuego le ofrezcan algún maíz y coca y sebo; y cuando así fueren, lleven los parientes deste novel, que casi quieren imitar a padrinos, unas alabardas grandes y altas de oro y plata, y siendo ya el sacrificio hecho, aten en lo alto, en los hierros destas alabardas, aquella paja que en las manos así llevan, colgando [de] los tales hierros aquella lana que así cuelga de la paja; y estando ya así atada esta paja, dén a cada uno de sus noveles una alabarda destas en las manos; y esto ya hecho, júntenlos todos a estos noveles que allí se hallaren y mándenles que partan de allí corriendo todos juntos con sus alabardas en las manos, bien así como si fuesen siguiendo alcance de enemigos, y este correr sea desde la guaca hasta un cerro do se parece esta ciudad; [y] estén allí en este sitio, para que vean ciertos y [seguros?] cómo llegan estos caballeros noveles corriendo, y quién es aquel que primero llegare corriendo, y este tal hónrenle los suyos y dénle cierta cosa y díganle que lo hizo como buen orejón, y dénle por sobrenombre guaman, que dice «halcón»; y estos tales que así se extremaren, cuando orejones fueron hechos, sean conocidos, para cuando la ciudad del Cuzco tuviere guerra, suban a los péñoles, como más ligeros, y combatan con los enemigos.

Y otro día salgan de la ciudad, y yo asimismo señalaré otra guaca, la cual guaca se llamará Yavirá, la cual será el ídolo de las mercedes; y siendo ya en ella, hagan hacer un gran fuego y ofrezcan a esta guaca y al Sol estas ovejas y corderos, degollándolos primero, con la sangre de los cuales les sea hecha una raya con mucha reverencia por los rostros, que les tome de oreja a oreja; y ofrezcan asimismo a este fuego mucho maíz y coca, todo lo cual sea hecho con grande reverencia y acatamiento, ofreciéndolo al Sol, y allí le pidan estos noveles, y cada uno por sí, que le dé prosperidades y le aumente sus ganados, y los mire y libre de cualquier mal que les venga. Y esto acabado, les sea tomado juramento a cada uno por sí, delante del ídolo, que ternán cuidado de siempre acatar y reverenciar al Sol y labrarle sus tierras, y ser obedientes al Inca y siempre tratarle verdad y serle leal vasallo y no tratarle traición, y que cada y cuando que sepa que traición le hace alguno al Inca, se lo manifestará y dirá; y que lo mismo será leal a la ciudad del Cuzco; y que cada y cuando que el Inca tenga guerra o la ciudad del Cuzco, que servirá con su persona y armas en la tal guerra, y que morirá en defensa della y del Inca.

Y esto jurado, el señor que allí estuviere en la guaca, ante quien la jura hiciere, le responda en nombre y lugar del Sol y de aquel ídolo, que se lo agradece, y que así lo haga; y que le diga que el Sol ha por bien que sea auqui,[52] que dice «caballero.» Y esto hecho, que el tal novel rinda gracias por ello ahí al Sol, y que luego allí le vistan una camiseta muy pintada,

52 Avaqui, en n. orig.

y le pongan una manta muy pintada encima, todo lo cual sea ropa fina, y que le cuelguen de las orejas unas orejeras grandes de oro colgando, con un hilo colorado atadas, y que le pongan una venera de oro grande en los pechos, y que le calcen unos zapatos de enea, y que le pongan en la cabeza una cinta muy pintada, que llaman pillaca llauto; que encima desta cinta le pongan una patena de oro, y que hasta allí ningún mozo se la pueda poner, y si cosa fuere que allí se le olvidare de poner, nunca se le pueda poner en sus días. Y que esto hecho, le hagan tender los brazos al tal novel, y que aquellos sus parientes que allí andan con él como padrinos, le den ciertos azotes en los brazos con unas hondas, para que se acuerde y tenga memoria de la tal jura que allí hace y merced que le fue hecha. Y esto hecho, desciendan así todos juntos a la plaza desta ciudad, así vestidos y adornados como estuvieren, donde han de hallar a todos los señores del Cuzco vestidos de unas camisetas largas y coloradas que les dé hasta los pies, los cuales tengan sobre sus mismas cabezas [pieles de leones con sus rostros],[53] y los rostros destos leones tengan en drecho[54] de los suyos mismos, las cuales cabezas de leones tengan asimismo unas orejas de oro; y asimismo han de tener consigo estos señores que en la plaza así están, cuatro atambores de oro.

Y como los noveles lleguen a la plaza, pónganse en ala a la parte de abajo, los rostros hacia do el Sol sale; y como así lleguen, hinquen las alabardas que así traen, en el suelo, cada uno delante de sí. Y como esto sea hecho, los señores que allí están, comiencen su canto y toquen los atambores; y

53 Suplimos esta frase, imitando el monótono estilo que Betánzos empleaba en su traducción, y seguros de no equivocarnos en su parte sustancial, porque la tomamos de otros autores que tratan de esta ceremonia del huarachicuy.

54 Trecho, en n. orig.

después de haber cantado y holgádose, siéntense todos así en ala como están, y beban cada dos vasos de chicha y otros dos asimismo ofrezcan al Sol, derramándolos delante de sus alabardas, y dende a poco, levántense y tornen a su cantar; en el cual canto han de dar grandes loores al Sol y rogarle que a su pueblo y a sus noveles guarde y aumente; y este canto acabado, tornen a beber. Y esto han de hacer treinta días, desde el día que comience. Y desta manera van cada noche bien arropados de chicha; porque su principal felicidad, en todas sus obras y cosas que hacen, es el bien beber, y mientras más beben, más señor, porque tienen posibilidad para ello.

Y ordenó que estos treinta días cumplidos, se juntasen allí en la plaza los parientes destos noveles y trajesen los noveles allí consigo, y que hincada la alabarda, y estando ellos en pie, tomasen con las manos la alabarda, y así, tendidos los brazos, los parientes les diesen con una honda en ellos, para que tuviesen memoria y se acordasen desta fiesta; y que esto hecho, fuesen de allí a una fuente que dicen Calixpucquiu,[55] que dice «el manantial del Calix»,[56] y siendo ya allí, que se laven todos, a la cual fuente han de ir ya que quiera anochecer. Y siendo así lavados, hánse de vestir otras camisas preciadas, y así vestidos, sus parientes los apedrean con unas tunas,[57] y cada pariente, así como le haya apedreado con las tunas, sean obligados a les ofrecer a los tales noveles ciertas joyas y piezas de ropa, y denle asimismo, en fin desto, a cada

55 Calixpuqüco, en n. orig.

56 Pero no se entienda por el vaso así llamado; porque Calíx, o es nombre propio mal escrito, o corrupción de Callis, que alguien traduce esforzado, valeroso. También pudiera ser este calix el cantarillo especial de chicha usado en estas ceremonias, y haber dado su nombre a la fuente.

57 Es decir, con el fruto, que es a modo de los higos chumbos o de pala, llamado coco o quizco (Cereus peruvianus).

uno destos noveles, una honda. Y esto acabado, cada uno destos noveles ha de volver a su casa, la cual casa ha de hallar muy limpia, y muy buena lumbre hecha en ella, y todos sus parientes y parientas en ella; y entonces han de sacar los cuatro cántaros de chicha que hicieron en el principio de la fiesta, de los cuales cántaros han de beber todos, y al tal novel han de embriagar con la tal chicha de tal manera, que no[58] tenga sentido; y desque ya esté así, hánle de sacar del aposento, y donde ellos mejor les pareciere, allí le horaden las orejas. Y otro día de mañana, salgan todos los noveles a la plaza todos juntos y en orden de pelea y bien así como si quisieran dar batalla, con sus hondas en las manos y a los cuellos unas bolsas de redes, en las cuales traigan muchas chinas; y puestos tantos de un cabo como de otro en la plaza, comiencen a batallar; la cual batalla han de dar a fin de que han de entender que así han de pelear con sus enemigos. Y desta manera me parece que han de ser estas ceremonias, y deste arte ternan orden [en] el hacer de los orejones y no lo que ha sido hasta aquí.

Oído por los señores lo que Inca Yupanqui tenía ordenado, dijeron que aquello estaba muy bien ordenado y pensado, que así se hiciese de allí adelante, y que les dijese, que ¿desde cuándo quería que comenzase aquella fiesta? Les dijo, que de allí a treinta días se podría comenzar, porque de allí comienza el mes de do principiaba el año; y ellos le rogaron, que porque hasta allí no habían tenido orden por do conociesen el año y los meses dél, que tuviese [por bien?] de señalárselo y decilles de donde comenzaban, y los nombres de los tales meses. Y el Ynca les respondió, que después de aquella fiesta del Sol, tenía él pensado de dar orden en aquello; mas, pues que ellos le rogaban que se los dijesen y señalasen (así), que

58 Sinó, en n. orig.

él los quería hacer aquella merced; y que al presente no había lugar de les dar razón de aquello, porque pensaba señalar y ordenar en los tales meses otras fiestas en que todos ellos se regocijasen e hiciesen sus sacrificios; que de allí a diez días, les diría la orden que en aquello habían de tener y las fiestas que les habían de regocijar y sacrificios que así habían de hacer. Y esto dicho, salieron de su acuerdo él y los demás señores, los cuales se fueron cada uno a su posada, donde comenzaron a dar orden a sus fiestas, que ya habéis oído que dende a treinta días habían de comenzar; los cuales treinta días pasados, hicieron su fiesta en la manera que habéis oído; y dende entonces lo continuaron hacer en la manera ya dicha, hasta este año en que estamos de mil y quinientos y cincuenta y un años. Esta fiesta y las demás que este Señor constituyó, aunque se las quieran quitar en esta ciudad del Cuzco, las suelen ellos hacer oculta o secretamente en los pueblecillos que están en torno de la ciudad del Cuzco.

Capítulo XV. En que trata de cómo Inca Yupanqui señaló el año y los meses y los puso nombre, y de las grandes idolatrías que constituyó en las fiestas que así ordenó que se hiciesen en los tales meses; y de cómo hizo relojes de Sol por los cuales viesen los de la ciudad del Cuzco cuando era tiempo de sembrar sus sementeras

Pasados que fueron los diez días que Inca Yupanqui dijo a los señores que después de aquellos se juntasen con él otra vez, en la cual junta les había de decir la orden que así le pedían que hiciese del año y meses y de las más fiestas que ellos habían de tener y guardar, Inca Yupanqui les dijo que él había muchos años que había imaginado los meses y tiempo del año, los cuales había hallado que eran doce, y que no pensaba decilles destos doce meses y tiempos cosa, sino fuese bien así como fuesen entrando y las tales fiestas que ellos en ellos habían de hacer él fuese constituyendo; mas, pues ellos se lo habían pedido, que él se lo quería pedir (así) y decir y declararles las fiestas y sacrificios que en los tales meses así habían de hacer, que estuviesen atentos y los tomasen bien en su memoria; que demás desto, así mismo había pensado de hacer cierta cosa que él llamó Pachaunanchango, que quiere decir «conocedor de tiempo»,[59] —que podemos presumir por reloj,—por el cual ellos y sus descendientes, ya que perdiesen la cuenta de los meses, para que le entendiesen cuando era el tiempo del sembrar, y laborar, y aderezar sus tierras.

Y así, los señores estando atentos, Inca Yupanqui les dijo: a este mes que viene, en el cual se han de hacer los orejones, como ya os tengo dicho, que es de donde el año comienza, le llamareis y llamarse ha Pucuy quillaimi,[60] que es nuestro

59 Más propiamente, señalador del tiempo.
60 Pucorquillame, en n. orig.

mes de diciembre; y al mes de enero llamaba ha tiempo Coyquis; y al mes de febrero llamó Ccollappoccoyquis;[61] y al mes de marzo llaman Pachapoccoyquis;[62] y al mes de abril Ayrihuaquis;[63] y al mes de mayo llaman Aymorayquis quilla.[64] En este mes constituyó y mandó Inca Yupanqui que se hiciese otra fiesta al Sol, muy solemne, en la cual se hiciesen grandes sacrificios, a fin de quél les había dado la tierra y el maíz que en ella tenían, y que desde que entonces comenzaran a coger sus maíces, comenzase la fiesta y durase hasta en fin del mes de junio; y que en este mes de junio, que llamó Hátun cosqui quillan, que los que en el mes de diciembre pasado eran ordenados orejones, en aquesta fiesta que constituía en este mes de junio, se vistiesen de camisetas tejidas de oro y plata y de plumas tornasoles, y que así puestos de sus plumajes y patenas y brazaletes de oro, saliesen a esta fiesta; y que en esta fiesta diesen fin a sus ayunos y sacrificios, que desde que eran ordenados orejones hasta allí habían hecho; y comenzasen de allí a holgarse y celebrar la otra que así constituía que se había de hacer al Sol por las simenteras, a la cual fiesta que así comenzaba desde el mes de mayo hasta fin de junio, como ya habéis oído, llamó y nombró Yahuarincha aymoray.[65] La cual fiesta mandó que se hiciese en la plaza do agora es el espital, en la ciudad del Cuzco, que es a la salida desta ciudad, do llaman Rimacpampa; a la cual fiesta habían de salir vestidos los señores de la ciudad de unas camisetas coloradas que les daba hasta en pies; en la cual fiesta mandó que se hiciesen grandes sacrificios a los ídolos, do se les que-

61 Allapocuyquis, en n. orig.
62 Pachapocoyquis, en n. orig.
63 Ayngaquis, en n. orig.
64 Aricayquesquilla, en n. orig.
65 Yaguaricha ymaray, en n. orig.

mase y sacrificase muchos ganados y comidas y ropa, y en las tales guacas fuesen ofrecidos muchas joyas de oro y plata.

Al mes de julio le llamaron Cahuarquis,[66] en el cual no mandó que se le hiciese fiesta ninguna, mas de que les dijo que en este mes se habían de regar sus tierras, y habían de comenzar a sembrar su maíz y papas y quinua[67] hasta el mes que entraba y salida del setiembre; y al mes de agosto llamó Capacsiquis;[68] y al mes de setiembre llamó Cituaiquis.[69] En este mes dicen que constituyó Inca Yupanqui que se hiciesen dos fiestas, la una que casi quiere parecer a la que nos hacemos de San Juan, porque se levantan a media noche y se lavan hasta que ríe el día, y llevan ciertos hachos encendidos; y después de ser lavados, dánse con estos hachos en las espaldas, y dicen que echan de sí toda dolencia y mal que tengan. Y la otra fiesta es [la] que llamó este Inca Yupanqui Purappucquiu,[70] [y] asimismo la hacía y mandó hacer en este mes; la cual mandó que se hiciese a las aguas, y que asimismo las hiciesen sacrificios; y en estos sacrificios mandó que se ofreciese mucha ropa y ovejas y coca, y que de todas cuantas yerbas y plantas que había en los campos, trajesen las flores dellas; todo lo cual mandó que ofreciesen a las aguas en esta manera: que tomasen mucha cantidad de ropa y la echasen en aquel río del Cuzco en la parte do se juntan los dos rios; que asimismo trajesen muchas ovejas y corderos y que los ofreciesen al agua y los degollasen en aquel lugar do la ropa era echada, y que hiciesen luego allí un gran fuego en el cual quemasen estas ovejas y corderos, y la ceniza de los tales así quemados, la lanzasen en el agua en aquel mismo sitio, y

66 Caguaquil, en n. orig.
67 Quintuya, en n. orig.
68 Carpasiquis, en n. orig.
69 Situayquis, en n. orig.
70 Porapuipia, en n. orig.

que luego tras esto, lanzasen en el río las flores que ya habéis oído; y tras esto, mandó que echasen en el agua mucha coca molida y desmenuzada. Y tras esto se ponía, cuando se ponía el Sol,[71] en cierto sitio, en el cual estuvo seguro en pie en una parte donde bien ver se pudiese, y así como conociese desde aquel sitio do él se paraba, el curso por do el Sol iba cuando se ponía, en aquel derecho, en lo más alto de los cerros, hizo hacer cuatro pirámides o mármoles de cantería, los dos en medio menores que los otros dos de los lados, y de dos estados de altor cada uno, cuadrados, y apartado uno de otro una braza, salvo que los dos pequeños de en medio hizo más juntos, que del uno al otro habrá media braza. Y cuando el Sol salía, estando uno puesto do Inca Yupanqui se paró para mirar y tantear este derecho, sale y va por el derecho y medio destos dos pilares, y cuando se pone, lo mismo, por la parte do se pone; por donde la gente común tenía entendimiento del tiempo que era, así de sembrar, como de coger; porque los relojes eran cuatro a do el Sol salía, y otros cuatro a do se ponía, do se diferenciaban los transcursos y movimientos que así el Sol hace en el año. Erróse el Inca Yupanqui en el tomar del mes para que vinieran a una y a nuestra cuenta los meses del año que así señaló, porque tomó de diciembre, habiendo de tomar de enero; mas, al fin, él supo de entenderse y dar orden a su república.

71 Corregimos así con toda reserva este pasaje, que dice en n. orig.: Y tras esto se ponía según do se ponía, el qual se puso en cierto sitio, etc.

Capítulo XVI. En que trata cómo Inca Yupanqui reedificó la ciudad del Cuzco, y cómo la repartió entre los suyos

Después que Inca Yupanqui hubo hecho y dado orden en el año y meses y fiestas que en él se habían de celebrar, y hechos los relojes, habiéndose recreado y holgado en las cosas que habéis oído tiempo y espacio de dos años, el cual tiempo gastó este Señor en estarse en su pueblo, porque los naturales y caciques que a él estaban sujetos tuviesen espacio y tiempo para holgarse en sus tierras del trabajo que habían pasado en el reparo que así habían hecho en los arroyos de la ciudad del Cuzco, y porque así tuviesen espacio y tiempo de sembrar y coger grandes sementeras, con las cuales se reparasen de comidas y todos proveimientos, y tuviesen con que poder servir y contribuir a la ciudad del Cuzco y a los depósitos que en ella eran; pareciéndole que ya recibía su persona y los demás algún tanto de pena por la ociosidad que así tenían él y los demás, ajuntóse un día con los principales de la ciudad del Cuzco y díjoles: que ya había ociosidad; que le parecía que ya era tiempo que los caciques y señores a él sujetos viniesen con sus comidas y bastimentos a la ciudad del Cuzco y trajesen consigo toda la más gente que ser pudiese, porque tenía en sí acordado de hacer reedificar la ciudad del Cuzco de tal manera, que para perpetuamente fuese hecha y fabricada de ciertos edificios que él en sí tenía pensado, y que después que fuesen hechos, ellos los verían; para lo cual era necesario mucha y muy gran cantidad de gente, y que para esto era necesario que saliesen de la ciudad ciertos señores de los que allí en aquella junta con él eran; y que luego allí viesen los que querían ir, porque, con los que quedasen, él tenía necesidad, mientras los que habían de ir fuesen, de hacer y proveer lo que para el tal edificio fuese necesario. Y luego allí fueron nombrados diez señores, con veinte orejones, los cuales se partieron luego de allí y fueron a los pueblos y provincias a hacer traer y proveer lo que ya habéis oído.

Inca Yupanqui y los demás señores que allí quedaron, así como fueron salidos de su consulta, fueron por todo el torno de la ciudad en cinco leguas, y en el [lugar] que les pareció, buscaron y miraron do hubiesen sierras y sitios do se pudiese sacar piedra y cantería, y barro, y tierras para hacer las mezclas que los tales edificios habían de llevar; donde hallaron que en el sitio de Saluoma[72] había mucha y muy gran cantidad de piedra y muy grandes canteras. Y visto por el Inca y los demás señores que ya allí tenían aparejo y recaudo y mucha y muy gran cantidad de cantería, se volvieron a la ciudad, donde dieron orden, luego que llegados fueron, en la manera que así habían de traer y acarrear la tal cantería; para lo cual mandaron que fuesen hechas muchas y muy gran cantidad de sogas gruesas, y maromas de niervos y de cueros de ovejas.

[Ya] que esto así fue hecho, Inca Yupanqui trazó la ciudad e hizo hacer de figuras de barro, bien así como él la pensaba hacer y edificar; y luego questo fue hecho, llegaron en aquella sazón y tiempo aquellos orejones y señores que habían ido a hacer traer proveimiento y comida y cantidad de gente para hacer los tales edificios, como ya la historia os ha contado; y como así llegasen, los caciques saludaron al Inca en la manera que ya os dijimos, y el Inca los recibió con entrañable amor, con los cuales le pareció que sería bien holgarse con ellos cinco días, y así fue hecho. En cabo de los cuales, pareciéndole al Inca que sería bien dar orden en que se comenzase a poner por obra el fabricar de la ciudad, pareciéndole que ya la tal gente que así era llegada había de descansar el tiempo que le

72 Sallu Oma o Sallu Uma. Antes, en el cap. XI, le llama simplemente Salu [Sallu].

bastase, luego mandó a los caciques que cada uno juntase su gente en cierta campaña y llano y la pusiesen cada uno por sí, porque les quería repartir a todos ellos la obra que así habían de hacer, y dalles la orden que en ello habían de tener. Y siendo así juntas las tales gentes, repartió su obra entre los tales caciques, mandando a unos que acarreasen piedra tosca para los cimientos, y a otros que trajesen barro el que les pareciese, que fuese bueno y pegajoso; con el cual barro y piedra tosca mandó hacer los cimientos de los tales edificios, sacándolos de cimiento, que era el cimiento y asiento de ellos desde donde topaban con agua, para lo cual mandó que se edificasen de piedra tosca y barro pegajoso, a fin de que si el agua entrase por ellos, no fuese parte a deshacer y comer este barro; porque, como ya os dijimos, todo lo más del asiento de la ciudad eran ciénagas y manantiales de agua; todos los cuales manantiales mandó que fuesen tomados y repartidos de tal manera, que a las casas de la tal ciudad fuesen por sus caños y hechos fuentes para el servicio y proveimiento della.

Y asimismo a otros mandó que sacasen y abriesen los cimientos de las tales casas y edificios de la ciudad, y a otros mandó que acarreasen cantería para el edificio que se había de edificar después que estos cimientos fuesen así altos en el peso y ser que habían de ser; y a otros mandó hacer adobes de barro y tierra pegajosa, en los cuales adobes se echase mucha cantidad de paja; la cual paja es a manera de esparto d'España; la cual tierra y paja fuese amasada de tal manera, que los tales adobes fuesen bien hechos y tupidos, con los cuales adobes se había de edificar desde la obra de cantería para arriba hasta que los tales edificios y casas estuviesen en el altor y ser que habían de llevar. A otros mandó que trajesen y acarreasen mucha cantidad de maderos de aliso[73] largos

73 Betula nigra.

y derechos, dándoles el largor y medida que habían de tener. Y asimismo mandó que para cuando fuesen hechos y altos los edificios y puestos en proporción y en el ser que habían de tener, que para [que] la mezcla que así habían de llevar en el lucimiento de las casas, así por de dentro como por de fuera, pegase y no se resquebrajase, mandó que trajesen para aquel tiempo mucha cantidad de unos cardones que ellos llamaban aguacolla quizca,[74] con el zumo de los cuales fuesen untadas las tales paredes; y siendo la mezcla muy bien amasada y mezclada con mucha cantidad de lana, fuese puesta en las tales paredes sobre la mojadura que ya habéis oído de los tales cardones, y que en la tal mezcla, si no quisiesen echar lana, echasen paja, la cual fuese muy mucho molida, y así se diese lustre a las tales paredes y edificios.

Todo lo cual que oído habéis siendo proveído, todas estas cosas y cada una de ellas, se levantaron aquellos caciques y luego pusieron por obra los tales edificios y proveimientos de pertrechos que así les era mandado que para lo tal era necesario, y luego mandó Inca Yupanqui que se saliesen todos de la ciudad del Cuzco de sus casas, y sacasen todo lo que dentro dellas tenían, y se pasasen a los pueblezuelos que por allí juntos eran; y como esto fuese así hecho, mandó que las tales casas fuesen derribadas por tierra. Donde, como esto fuese hecho y limpio y llano,[75] él mismo por sus manos juntamente con los demás señores de la ciudad, haciendo traer un cordel, les[76] señaló y midió con el tal cordel los solares y casas que así se habían de hacer, y cimientos y edificios dellas; de todo lo cual así señalado abiertos los cimientos, y siendo los pertrechos necesarios para la tal obra [traídos, aparejados?],

74 Cereus peruvianus.
75 El limpió y allanó, en n. orig.
76 Del, en n. orig.

comenzaron a hacer y edificar su ciudad y casas della; los cuales edificios y casas fueron hechos andando en la obra y edificios dellos continuamente, mientras la obra duró, cincuenta mil indios; y tardóse, desde que Inca Yupanqui mandó comenzar a reparar las tierras y rios de la ciudad y la tal hacer y edificar, hasta que todo lo cual que oído habéis fue hecho y acabado, veinte años.

Y como ya la ciudad fuese hecha y puesta en perfición, mandó Inca Yupanqui que todos los principales del Cuzco y los demás vecinos y moradores dél, fuesen juntos en cierta campaña rasa; y siendo así juntos, mandó traer allí la traza de la ciudad y pintura que así había mandado hacer de barro, y teniéndolas delante de sí, dio y repartió las casas y solares ya edificados y hechos como oído habéis, a los señores del Cuzco y a los demás vecinos y moradores dél, todos los cuales eran orejones descendientes de su linaje y de los demás Señores que hasta él habían sucedido desde el principio de Manco Capac, poblándolos y mandándolos poblar en esta manera: que los tres señores sus amigos poblasen desde las Casas del Sol para abajo, hacia la junta de los dos rios, en aquel espacio de casas que entre los dos rios se hicieron, y desde las Casas del Sol para abajo, al cual sitio mandó que se llamase Hurin Cuzco, que dice «lo bajo del Cuzco», y el remate postrero de la punta desto, mandó que se nombrase Pumap Chupan, que dice «cola de león»; en el cual sitio poblaron estos tres señores, ellos y los de su linaje, de los cuales y de cada uno por sí comenzaron y descendieron los tres linajes de los de Hurin Cuzco; los cuales señores se llamaron Vica Quirao, y el otro Apu Mayta, y otro Quilliscachi Urco Guaranga.[77] Y de las Casas del Sol para arriba, todo lo que tomaban los dos arroyos hasta el cerro do agora es la fortale-

77 Quilis cochevra guaranga, en n. orig.

za, dio y repartió a los señores más propincuos deudos suyos y descendientes de su linaje por línea recta, hijos de señores y señoras de su mismo deudo y linaje; porque los tres señores que de las Casas del Sol para abajo mandó poblar, según que ya habéis oído, eran hijos bastardos de señores, aunque eran de su linaje, los cuales habían habido en mujeres extrañas de su nación y de baja suerte, a los cuales hijos así habidos, llaman ellos Guaccha Cconcha, que quiere decir «provenidos de pobre gente y baja generación»; y estos tales, aunque sean hijos del Inca, son llamados así, y no son tenidos ni acatados ninguno destos, así hombres como mujeres, de los demás señores, sino por un orejón de los otros comunes. Porque habrán de saber, que el Inca que así es Señor, tiene una mujer principal: esta [no] ha de ser deuda de pobres, y esta tal mujer ha de ser principal y deuda, hermana o prima hermana suya, a la cual mujer llaman ellos Pihuihuarmi[78] y por otro nombre Mamanguarmi; y la gente común, como a tal mujer principal del Señor, llaman, cuando así la entran a saludar, Pocaxa (?) intichuri capac coya guacchacuyac,[79] que dice «Hija del Sol y sola reina amigable a los pobres»; y esta tal señora había de ser de padre y madre derechamente señor y deuda del Inca, sin que en ella hubiese raza ni junta de Guaccha Concha, que es lo que ya habéis oído. Y esta tal señora recibía el Inca por mujer principal suya el día que tomaba la borla del Estado e insignia real, y los hijos que así en esta tal señora había, se nombraban Pihuichuri, que dice como si dijésemos hijos legítimos; y el mayor destos era señor del Estado y heredero legítimo; y si caso fuese que el Inca muriese dejando este tal

78 Piviganarme, en n. orig.

79 Pocaxa yndinsus capaicoiagua echacoiac, en n. orig. Según la traducción que da Betánzos, sobra la palabra pocaxa, que no he podido encontrar en los diccionarios quíchuas.

niño que no supiese gobernar, hacíanle[80] Señor, y poníanle la borla en la cabeza, aunque este tal estuviese mamando, y llamábanle al tal niño Guayna Capac, que dice «mancebo rey»; aunque los que construyen este nombre, no entendiendo lo que quiere decir, [dicen?] que dice mancebo rico; porque habrán de saber, que Capa, siendo postrera, dice rico, y Guaina dice mancebo; y si dijera este nombre Capa Guaina, dijera mancebo rico; mas dice Guaina Capac, con c postrera, que dice mancebo rey.

Y así mismo construyen otro nombre los que no lo entienden, que dice mancebo[81] Viracocha, que quiere decir y podremos tener dice Dios, porque este nombre nombran ellos al que dicen y tienen que fue el Hacedor; y como los españoles viniesen a esta tierra y ellos viesen gente muy ajena de su ser, como la historia adelante os contará, llamáronlos a todos y a cada uno por sí, Viracocha; y queriendo construir este nombre los que les parecía que iban entendiendo el hablar, parábanse a pensar e imaginar que vira quiere decir en esta lengua «manteca», y cocha dice «mar»; todo lo cual declaraban y decían que quería decir «manteca de la mar», y «espuma de la mar»; lo cual no quiere decir aquello, sino propiamente Dios. Y así, cuando los españoles vinieron a esta tierra, los llamaron deste nombre y tuvieron por dioses.

Y volviendo a nuestra historia, a este tal niño señalábanle sus ayos y gobernadores, los cuales gobernasen todo el tiempo que viesen que no era de edad para gobernar; y si el Inca, después de haber recibido a esta por mujer, o antes desta, tuviese otras cincuenta mujeres hermanas y deudas suyas, porque así era su costumbre de tener a todas sus hermanas por mujeres, los tales hijos que en estas había no heredaban

80 Haciéndole, en n. orig.
81 Esta palabra parece que sobra.

ninguno destos su estado, si no fuese el hijo de la tal Pihui, mujer legítima, que ellos dicen. Y si caso fuese que esta tal no hubiese el Inca en ella hijos, o la tal pariese hijas, en el tal caso el Estado se daba, por fin de los días del Inca, al hijo mayor que así hubiese habido en cualquiera de las otras mujeres sus hermanas o deudas, como viesen que el tal mostraba en sí ser y capacidad para regir y gobernar su reino y república; y si no era tal cual debiese, escogían entre sus hermanos el que mejor les parecía que los podría gobernar, y a este tal y con este tal daban y casaban la tal su hermana, en la manera que ya habéis oído, que así su padre había habido en la tal Pihuihuarmi o mujer principal, a la cual tenían y respetaban, así los señores de la ciudad del Cuzco como los demás señores de toda la tierra, como a su tal reina y señora principal de todos ellos.

Y volviendo al propósito del repartir de la ciudad y casas della, Inca Yupanqui las repartió en la manera que habéis oído, tomando él para sí en ella las casas y solares que así vio que le bastaban. Y esto así hecho, mandó, que porque no hubiese en esta ciudad mezcla de otras gentes ni generación, sino fuese la suya y de sus orejones, porque esta ciudad tenía él que había de ser la más insigne ciudad de toda la tierra, y aún que todos los demás pueblos habían de servir y reverenciar, según que antiguamente fue nuestra Roma; que los del linaje de Allcahuiza,[82] el cacique señor que Manco Capac hallara poblado en aquel sitio, según que ya la historia os ha contado, que estos tales poblasen allí junto al Cuzco, casi dos tiros de arcabuz de la ciudad; y así poblaron; a los cuales dio Inca Yupanqui favor y ayuda para que les ayudasen a hacer sus casas; el cual pueblo, después que lo tuvieron hecho y acabado, mandó Inca Yupanqui que se nombrase este pueblo

82 Alcavica, en n. orig.

Cayaucachi; y así, estos de Allcahuiza[83] fueron echados de la ciudad del Cuzco, y así quedaron sujetos y avasallados; los cuales podrían decir que les vino huésped que los echó de casa.

83 Alcavica, en n. orig.

Capítulo XVII. En que trata de cómo los señores del Cuzco quisieron que Inca Yupanqui tomase la borla del Estado, viendo su gran saber y valerosidad, y él no la quiso recibir, porque su padre Viracocha Inca era vivo, y si no fuese por su mano, que no la pensaba recibir; y cómo vino su padre Viracocha Inca y se la dio; y de cierta afrenta que después desto hizo a su padre Viracocha Inca, y de la fin y muerte de Viracocha Inca

Después de haber Inca Yupanqui dado y repartido la ciudad del Cuzco en la manera que ya habéis oído, puso nombre a todos los sitios y solares, y a toda la ciudad junta nombró Cuerpo de León, diciendo que los tales vecinos y moradores dél eran miembros del tal León, y que su persona era la cabeza dél. Y como los tales señores de la ciudad hubiesen visto las grandes y crecidas mercedes que les había hecho y cada día les hacía, y considerando ellos que si[84] su gran sabiduría y el celo grande que ellos en él conocían que tenía del bien de su república, andaban imaginando todos ellos juntos y cada uno por sí, cómo le hiciesen un servicio señalado, del cual servicio él fuese dellos bien servido y a él fuese agradable. Para lo cual todos ellos se juntaron un día, en la cual junta ordenaron y concertaron que el servicio que le debían hacer era ponerle la borla del Estado e insignia de rey que ellos tenían, según era su usanza y costumbre antigua, y darle otro nuevo nombre. Todo lo cual así hecho y acordado por ellos, se salieron muy alegres, pensando que habían acordado con qué el Inca le fuese agradable; y esto así acordado, se salieron todos y se fueron, así todos juntos como estaban, a la casa del Inca; al cual hallaron que no estaba ocioso, el cual estaba

84 Sobra el que si o está quizás por así, también.

pintando y dibujando ciertas puentes y la manera que[85] habían de tener, y cómo habían de ser edificados; y así mismo dibujaba ciertos caminos que de un pueblo salían e iban a dar a aquellas puentes y rios. Como esto fuese ajeno del entender de aquellos señores, que quisiesen ver este dibujo, luego que llegaron do el Inca estaba, después de le haber saludado y hecho su debido acatamiento, le preguntaron ¿qué era aquello que así dibujaba? A los cuales respondió, como los vio así venir a todos juntos, todos los cuales habían entrado muy alegres delante dél: «Decime vosotros, ¿qué demanda traéis todos juntos y a qué venís, que me parece que venís alegres? ¿Qué es esto que me preguntáis? Cuando sea tiempo, yo os lo diré y mandaré que así se haga y a cada uno de vosotros, en la suerte que así le cupiere; y no me lo tornéis a preguntar, porque, como ya os digo, yo os lo diré; que ya habréis entendido de mí, que cuanto ha que de aquí salió mi padre, que yo no [he] entendido sino ha sido en cosas que os convengan y más bien os sea vuestro; lo cual, tened de mí, que todo el tiempo que yo viviere, siempre haré y acostumbraré a hacer.» Los señores le rindieron gracias por ello y le rogaron que así lo hiciese y por ellos mirase; y el Inca les dijo que le dijesen a lo que venían, y que luego se volviesen, porque le hacían perder el tiempo. Y ellos le dijeron, que a lo que ellos allí habían[86] venido, era a rogalle que les dijese que cuándo pensaba tomar la borla del Estado, porque les parecía que era ya tiempo; y que ellos querían dar orden y proveer los menesteres y cosas que para ello eran necesarias, y para la fiesta y ceremonias y ayunos que en tal caso así se habían de hacer. Y como el Inca esto oyese, dicen que se rió y dijo: que estaban muy lejos, y que sus pensamientos dellos

85 De, en n. orig.
86 Venían, en n. orig.

estaban muy atrás de do el suyo iba caminando, y que ellos pasaban muy adelante al suyo, el dellos; que, al presente, que no gastasen tiempo con sus pensamientos en semejante cosa, porque [a] ellos hacía saber, que mientras su padre viviese, él no pensaba ponerse tal cosa en su cabeza, porque él pensaba que su padre había de dar la tal borla a su hijo Inca Urco después de sus días, la cual él pensaba írsela a quitar de la cabeza, y la cabeza juntamente con ella, por las palabras que su padre le había dicho, que fueron, que pisase Inca Urco las insignias del Chanca Uscovilca, que él venciera; y que les prometía de no tomar la tal borla mientras su padre viviese, si no fuese en tal manera, o si no fuese que su padre viniese a la ciudad del Cuzco a se la poner él de su mano en su cabeza; y de aquella manera, que él la aceptaría. Que él les agradecía la voluntad que para aquello ellos le habían mostrado, y que les juraba, que él les satisfaría la deshonra que su padre les hiciera a ellos y a su ciudad en desampararla. Y restituyendo el cual juramento, hizo en esta manera: que tomó un vaso de chicha en sus manos, y vaciólo por el suelo, diciendo, que su sangre fuese derramada bien así como él había vaciado aquel vaso de chicha por el suelo, si él de la tal afrenta no tomaba satisfacción de su padre, y haciéndole a su persona otra tal cual él a ellos les hiciera [y] a su ciudad. A todo lo cual, conociendo de Inca Yupanqui aquellos señores su voluntad, para en lo que tocaba a lo que ellos habían venido, viéndole enojado, no le respondieron a aquella cosa. Y luego les dijo, que si querían otra cosa, si no que se fuesen. Y los señores le respondieron que no habían venido a otra cosa más de aquello que le habían dicho.

Y así, se salieron estos señores y se tornaron a juntar como de antes habían hecho; en la cual junta platicaron cómo diesen orden para que Inca Yupanqui tuviese la borla del Estado que ellos tanto deseaban. Y así, acordaron dellos por sí y en nombre dellos mismos, de enviar sus mensajeros a Viracocha Inca, por los cuales le enviasen a rogar que tuviese por bien de venir a la ciudad del Cuzco, haciéndole saber el nuevo edificio della, el cual se holgaría de ver; y por les hacer a ellos merced y contentamiento, tuviese por bien de dar a su hijo Inca Yupanqui, de aquella venida que así viniese, la borla del Estado, pues él se había desistido della y dicho a los caciques que a verle habían ido, que él se desistía della y la daba a su hijo Inca Yupanqui, para que de allí adelante la tuviese y fuese puesta en su cabeza por ellos; lo cual no había querido hacer por le tener el respeto como a su padre.

Y esto así acordado por los señores de la manera que habéis oído, enviaron sus mensajeros a Viracocha Inca donde estaba poblando en su peñol; el cual Viracocha Inca, como viese la embajada que los señores le enviaban, vino a la ciudad del Cuzco; la cual venida, como fuese sabida por el Inca, salióle a recibir al camino y saludóle como a su Señor y padre; y así entraron entramos juntos en la ciudad. Y viendo Viracocha Inca la ciudad tan bien obrada y edificada y los edificios della, y supo[87] la orden y gobierno que Inca Yupanqui en ella había puesto, así de los depósitos como de lo demás, tocante al bien de su república, y el amor que todos le tenían, así los de la ciudad como los demás caciques y señores, por el buen gobierno con que los gobernaba y mercedes que él así les hacía, en presencia de todos los señores del Cuzco y caciques que allí estaban, viendo la suntuosidad que representaba la ciudad y sus edificios, dijo Viracocha Inca a Inca Yupanqui: «Verdaderamente tú eres hijo del Sol; yo te nombro rey y

87 Sin la palabra supo haría mejor sentido todo este pasaje.

Señor.» Y tomando la borla en sus manos, quitándola de su misma cabeza.[88]

Y era una costumbre entre estos Señores, que cuando aquello así se hacía, el que la tal borla le ponía en la cabeza al otro, juntamente con ponérsela, le había de nombrar el nombre, el cual había de tener de allí adelante. Y así, Viracocha Inca, como le pusiese la borla en la cabeza, le dijo: «Yo te nombro para de hoy más te nombren los tuyos y las demás naciones que te fueren sujetas, Pachacutec[89] Yupanqui Capac Indichuri»; que dice: «Vuelta de tiempo, Rey Yupanqui, Hijo del Sol.» —El Yupanqui es el alcuña y linaje de do ellos son, porque así se llamó Manco Capac,[90] que por sobrenombre tenía Yupanqui. Y así nombrado Inca Yupanqui por rey y Señor, en presencia de los que allí estaban, Inca Yupanqui mandó que fuese allí traída una olla que fuese usada, y que así como[91] la hallasen en la casa de do sacasen la tal olla, sin más lavar, sino que así como estuviese, se la trajesen; y siendo así traída, mandó que la hinchiesen allí de chicha, así sucia como estaba, y siendo así llena, mandó que la diesen a su padre Viracocha Inca, al cual mandó que así la tomase y así mismo la bebiese sin dejar en ella cosa [gota?].

Y visto por Viracocha Inca lo que así le era mandado por el nuevo Señor, tomóla, y sin le responder cosa ninguna, bebió la tal chicha, y luego que la hubo bebido, se abajó e inclinó a él, y le pidió perdón. Al cual el nuevo Señor respondió, que él no tenía de que perdonarle, que si lo decía por la gente que le había echado para le matar, cuando le había ido a ver, que de aquello él estaba bien satisfecho; que aquello no lo había

88 Aquí falta lo que el lector adivinará fácilmente, es a saber: Se la puso o la puso o la colocó en la cabeza de Inca Yupanqui.

89 Pachucac, en n. orig.

90 Llamaban Gocapac, en n. orig.

91 Mismo, en n. orig.

él hecho sino en nombre de la ciudad del Cuzco y de aquellos señores que allí estaban presentes, por haber hecho sus cosas como mujer, y pues lo era, que no debía él beber sino en semejantes ollas como aquella en que había bebido. A todo lo cual el Viracocha Inca estaba en el suelo e inclinada la cabeza para él, y respondiendo de cuando en cuando a lo que así el nuevo Señor le decía, chocayun, que dice: «¡Mi cruel padre!» y «yo conozco mi pecado».[92] Y luego le hizo levantar y llevole consigo a su casa, donde le aposentó suntuosamente; y luego comieron los dos juntos, y de allí adelante procuró el nuevo Señor de le hacer toda honra y placer y contentamiento.

Y luego los señores del Cuzco dieron orden en el proveimiento que era necesario para las fiestas y sacrificios y ayunos que el Inca había de hacer, y la su tal mujer que en aquella fiesta había de recibir. Y siendo así hecho y proveído, el Inca se metió en un aposento, cual para aquello era señalado, y su mujer y suegra fueron metidas en otro, los cuales estuvieron ayunando, que no comían sino maíz crudo y beber chicha, diez días; y lo mismo ayunaban los deudos dél y della, aunque andaban por la ciudad. Mediante los cuales días, los señores del Cuzco hicieron muchos y muy grandes sacrificios a todos los ídolos y guacas que estaban en torno de la ciudad, en especial en la Casa del Sol, do fueron sacrificados gran suma de ganados, ovejas, corderos y venados, y de todos los demás animales que para aquella fiesta pudieron haber; de muy mucha suma de aves, como son águilas, halcones, perdices, avestruces, y de todas las demás aves bravas

92 No acierto con la forma verdadera de chocayun, y dejo a la responsabilidad de Betánzos la traducción de la palabra, que nos parece algo libre, si no es que el copista omitió algunas otras que debían acompañarla. Chucacayani o Chocacayani, por virtud de la partícula caya, significa estar postrado en tierra de alguna pedrada o golpe recibido; acaso aquí el golpe sea en sentido metafórico.

que pudieron haber, hasta patos y otras aves domesticas; y otros muchos animales, tigres, leones, gatos monteses, excepto zorras, porque con las tales tienen odio y mal querencia, que si las ven cuando en estas fiestas semejantes están los que así entienden en hacer estos sacrificios, lo tienen por mal agüero. Asimismo fueron sacrificados muchos niños y niñas, a los cuales enterraban vivos muy bien vestidos y aderezados, los cuales enterraban de dos en dos, macho y hembra; y con cada dos destos enterraban mucho servicio de oro y plata, como eran platos y escudillas y cántaros, ollas y vasos para beber, con todos los demás menesteres que un indio casado suele tener, todo lo cual era de oro y plata; y así enterraban estos niños con todos estos ajuares, los cuales eran hijos de cacique y principales. Y mientras estos sacrificios se hacían, todos los de la ciudad estaban en grandes fiestas y regocijos en la plaza de la ciudad.

Y estos días pasados, los padres de la moza y los demás deudos iban al Inca llevándole la tal mujer delante de sí, vestida de ropa fina tejida de oro y plata fina, los cuales vestidos iban presos por la parte de arriba y junto al pescuezo, con cuatro alfileres de oro de a dos palmos de largo cada uno, los cuales suelen pesar dos libras de oro; y en la cabeza puesta una cinta de oro tan ancha como un dedo pulgar, que casi quiere parecer corona; y asimismo llevaba fajada por la cintura una faja tejida con lana fina y oro, en la cual faja iban muchas y diversas pinturas. Llevaba por cobertor otra manta pequeña, asimismo tejida de oro y plata fina, y de diversas labores, según su uso de vestido; llevaba calzados en los pies unos zapatos de oro según su usanza, las ataduras de los cuales son asimismo de oro; la cual iba muy limpia y peinada y aderezada. Y como así llegasen do el Inca estaba, los sus padres y deudos rogaron al nuevo Señor Pachacuti

Inca Yupanqui, que tuviese por bien de recibir por mujer la tal su hija y deuda; y el nuevo Señor, como viese que era cosa que le convenía y a él perteneciente, dijo que la recibía por la tal mujer; y luego allí mandó a los señores del Cuzco que allí eran, que la recibiesen por la tal su Señora; y luego los padres de la tal Señora le rindieron gracias, y los señores del Cuzco la recibieron por la tal su Señora; a la cual, luego allí se levantó Viracocha Inca, padre del nuevo Señor, y la abrazó y besó en un carrillo, y lo mismo hizo ella a él; y esto hecho, la hizo gracia y donación de ciertos pueblos pequeños que allí en torno tenía de su patrimonio. Y luego el Pachacutec[93] y nuevo Señor abrazó y besó la tal su esposa y mujer, y dióla y ofrecióla cien mamaconas, mujeres para su servicio; y luego fue llevada de allí a las Casas del Sol, la cual hizo allí su sacrificio, y el Sol la dio, y su mayordomo en su nombre, otras cincuenta mamaconas. Y salida de allí, y siendo ya en las casas del Inca, los señores de la ciudad le fueron a ofrecer sus dones, los cuales le sirvieron de mucho servicio de oro y plata, como son cántaros de oro y de plata, pequeños y grandes, y platos y escudillas y ollas y vasos para su beber, y mucho servicio de yanaconas, que pasaron de más de doscientos. Y esto así hecho, y siendo las fiestas acabadas, Viracocha Inca dijo a su hijo que ya era tiempo de se volver a su pueblo, porque en las fiestas y regocijos que se habían hecho, [se había?] tardado tres meses, en el cual tiempo él había estado siempre allí. El Pachacuti le dijo que se fuese cada y cuando que quisiese; y siendo proveído por Inca Yupanqui todo lo necesario, así de bastimento como de todo lo demás de quél tuviese necesidad en su pueblo, se partió Viracocha Inca; al cual rogó Inca Yupanqui, que siempre que hubiese fiestas en el Cuzco, se viniese hallar en ellas, y él dijo que lo haría; el cual, cada

93 Pachaqul, en n. orig.

y cuando que fiestas había en la ciudad, siempre venia él a hallarse en ellas. El cual Viracocha Inca, dende a diez años de la coronación de Pachacuti Inca Yupanqui, estando en su pueblo del peñol llamado Cagua Xaquixahuana,[94] que es por cima del pueblo de Calca, siete leguas de la ciudad del Cuzco, holgándose y regocijándose, enfermó de cierta enfermedad, de la cual, en cuatro meses que enfermó este señor Viracocha Inca, murió; el cual murió siendo de edad de ochenta años.

Al cual, después de muerto, Inca Yupanqui le honró muy mucho, haciendo traer su cuerpo en andas bien adornado, bien así como si fuera vivo, a la ciudad del Cuzco, cada y cuando que fiestas había, haciendo honrar y respetar su persona a los señores del Cuzco y a los demás caciques, bien así como si fuera vivo; delante del cual bulto hacía sacrificar y quemar muchas ovejas y corderos, y ropa, y maíz, y coca, y derramar muy mucha chicha, diciendo, que el tal bulto comía, y que era hijo del Sol, y questaba con él en el cielo. E hizo hacer muy muchos bultos, y tantos, cuantos Señores habían sucedido desde Manco Capac hasta su padre Viracocha Inca; y así hechos, mandó que se hiciesen ciertos escaños de madera muy galanamente labrados y pintados, en las cuales pintaduras fueron pegadas muchas plumas de diversas colores. Y esto así hecho, mandó este Señor que todos estos bultos fuesen asentados en los escaños juntamente con el de su padre, a los cuales mandó que todos acatasen y reverenciasen como a ídolos, y que así, les fuesen hechos sacrificios como a tales. Los cuales fueron puestos en sus casas, y cada y cuando que algunos señores entraban a do el Inca estaba, hacían acatamiento al Sol, y luego a los bultos, y luego entraban a do el Inca estaba y hacían lo mismo.

94 Caqucaxaxraguana, en n. orig. V. la nota del cap. VI, pág. 24.

Para el sacrificio de los cuales bultos señaló y nombró cierta cantidad de yanaconas y mamaconas, y dióles tierras para en que sembrasen y cogiesen para el servicio destos bultos; y asimismo señaló muchos ganados para los sacrificios que así se le debían hacer; y este servicio y tierras y ganados dio y repartió a cada bulto por sí, y mandó que se tuviese gran cuidado de continuamente, a la noche y a la mañana, de dar de comer y beber a estos bultos y sacrificarlos; para lo cual mandó y señaló que tuviesen cada uno destos un mayordomo de los tales sirvientes que así les señaló; y asimismo mandó a estos mayordomos y a cada uno por sí, que luego hiciesen cantares, los cuales cantasen estas mamaconas y yanaconas en los loores de los hechos que cada uno destos Señores en sus días así hizo, los cuales cantares ordinariamente todo tiempo que fiestas hubiese cantasen cada servicio de aquellos por su orden y concierto, comenzando primero el tal cantar e historia y loa los de Manco Capac; y que así, fuesen diciendo las tales mamaconas y servicio, cómo los Señores habían sucedido hasta allí, y que aquella fuese orden que tuviesen desde allí adelante, para que de aquella manera hubiese memoria dellos y sus antigüedades. Los cuales yanaconas y servicio Inca Yupanqui mandó que tuviesen sus casas y pueblos y estancias en los valles y pueblos en torno de la ciudad del Cuzco, y que estos y sus descendientes tuviesen siempre cuidado de servir aquellos bultos, a quien él los había dado y señalado. Todo lo cual fue así hecho desde entonces hasta el día de hoy, que lo hacen oculta y secretamente, y algunos público, porque los españoles no entienden lo que es. Y estos tales bultos tienen metidos en orones, que son trojes en que acá se echa el maíz y la demás comida, y otros en ollas y en tinajas grandes, y en huecos de paredes, y desta manera no los pueden topar.

A los cuales bultos Inca Yupanqui mandó, cuando así los mandó poner en los escaños, que les fuesen puestas en las cabezas unas diademas de plumas muy galanas, de las cuales colgaban unas orejeras de oro; y esto así hecho, mandó que les pusiesen asimismo en las frentes, a cada uno destos bultos, unas patenas de oro, y que siempre estuviesen dos mamaconas mujeres con unas plumas coloradas largas en las manos y atadas unas varas, con las cuales oxeasen las moscas que así [en] los bultos se sentasen; el servicio de los cuales y que así se hiciese a estos[95] bultos, fuese muy limpio; y que las mamaconas y yanaconas, cada y cuando que delante destos bultos pareciesen a les servir y reverenciar, y otros cualesquier que fuesen, viniesen muy limpios y bien vestidos, y con toda limpieza y reverencia y acatamiento estuviesen delante destos tales bultos. Y desta manera, hizo este Señor en esto dos cosas: la que hizo que sus pasados fuesen tenidos y acatados por dioses, y que hubiese memoria dellos; lo cual hizo porque entendía que lo mismo se haría dél después de sus días.

95 Ciertos, en n. orig.

Capítulo XVIII. En el cual se contiene cómo Inca Yupanqui Pachacuti juntó los suyos, en la cual junta les mandó que todos se aderezasen con sus armas para cierto día, porque quería ir a buscar tierras y gentes que ganar y conquistar y sujetar al dominio y servidumbre de la ciudad del Cuzco; y cómo salió con toda su gente y amigos, y ganó y conquistó muchos pueblos y provincias, y de lo que en la tal jornada le acaeció a él y a sus capitanes

Ya que Inca Yupanqui se vido Señor, en la orden y manera que ya la historia os ha contado, y que ya no tenía que entender en edificio de la ciudad, después de se haber holgado con los suyos, mandó que todos los señores de la ciudad del Cuzco y los demás caciques y principales se juntasen en la plaza, los cuales así fueron juntos. Y siendo allí todos, díjoles, que él tenía noticia en torno de aquella ciudad había mucha y muy gran cantidad de pueblos y provincias, y para él, que tenía fuerzas, que era mal vivir con poco; que tenía pensado y ordenado de se partir de aquella ciudad de allí en dos meses, a buscar, adquirir y sujetar los tales pueblos y provincias a la ciudad del Cuzco, y quitar los nombres que cada señorcillo de los tales pueblos y provincias tenían de Capac, y que no había de haber sino solo un Capac, y que ese lo era él; y que si caso fuese que, andando en la tal conquista, él topase algún señor con quien él probase sus fuerzas y le sujetase, que él holgaría de le servir, de lo cual él no tenía temor, porque el Sol, como ya vian, era con él; para la cual jornada tenía necesidad de cien mil hombres de guerra, que para aquellos dos meses se los tuviesen juntos en aquella ciudad del Cuzco, con sus armas y los demás proveimientos que necesario les fuese para la tal jornada. A lo cual le respondieron, que ellos estaban prestos de le dar la tal gente y servir con ella, y que asimismo harían con sus personas; que le rogaban que consigo los quisiese llevar, y que fuese su voluntad de les dar espacio de tres meses, porque tenían necesidad de tal tiempo para hacer la tal gente.

Y Pachacuti Inca Yupanqui holgó dello, mandándoles que en sus tierras dejasen todo recaudo de principales y mayordomos, los cuales echasen en el río, cada uno de los orejones del Cuzco, ciertos vasos de chicha, y que asimismo le diesen los tales orejones otros ciertos vasos de chicha, fingiendo que bebían con las aguas. Porque habrán de saber, que tienen una costumbre y manera de buena crianza estos señores y todos los demás de toda la tierra, y es, que si un señor o señora va a casa de otro a visitalle o a velle, ha de llevar tras sí, si es señora, un cántaro de chicha, y en llegando a do está aquel señor o señora a quien va a visitar, hace escanciar de su chicha dos vasos, y el uno bebe el tal señor que visita y el otro se bebe el tal señor que la chicha da; y así beben los dos; y lo mismo hace el de la posada, que hace sacar asimismo otros dos vasos de chicha, y da el uno al que así le ha venido a visitar, y él bebe el otro. Y esto hácese entre los que son señores, y esta es la mayor honra que entre ellos se usa; y si esto no se hace cuando se visitan, tiénese por afrentada la persona que así va a visitar al otro y esta honra no se le hace de dalle a beber, y excúsase de no le ir más a ver; y asimismo se tiene por afrentado el que da a beber a otro y no lo quiere recibir. Así que, cuando este sacrificio que habéis oído hacen a las aguas, dicen que beben con ellas, que echan un vaso de chicha en el río y el que así le echa bébese el otro.

Y asimismo mandó Inca Yupanqui que, cuando este sacrificio se hiciese, fuesen dos señores del Cuzco, yendo el uno por una parte del río y el otro por la otra, los cuales llevasen consigo cada uno por sí cada diez indios y los que más quisiese, los cuales indios llevasen unos palos largos en las manos, para que si las tales cosas que fueran sacrificadas en el río se parasen en la agua a vera de los indios, con sus palos las echasen al medio, para que las aguas las llevasen; y que estos señores que estos indios llevasen para que echasen al medio del río las tales cosas y sacrificios, fuesen por las veras del río treinta leguas el río abajo, porque en parte ninguna no parasen. Y porque viesen que ya la tierra daba fruto mediante las aguas, mandó que fuesen, en aquel mes que este sacrificio se hiciese, por toda la tierra, y que para aquel día señalado trajesen [de] todas sus tierras toda la más cantidad de comida que en ese tiempo apuntase a sazonar y que se pudiese comer, la cual comida se pusiese en medio de la plaza del Cuzco, y de allí fuese repartida en toda la ciudad, para que el común entendiese que, mediante el sacrificio que así a las aguas se hacía y mediante ellas, la tierra daba frutos de que todos participaban y se sustentaban. La cual fiesta se mandó hacer por este Señor en este mes que ya habéis oído, siendo demediado a la Luna llena; y en este mes que ya habéis oído se hiciese, la tal fiesta y sacrificio duraba cuatro días. Y al mes de octubre nombró este señor Omaraimiquis.[96] En este mes no constituyó que se hiciese ninguna fiesta en la ciudad, sino fuese la de Oma, en su pueblo, que es legua y media de la ciudad; a los cuales hizo merced y a los Ayarmacas, y a los Quivios [Quizcos], y a los Tambos que se pudiesen oradar las orejas, con tal que no se cortasen los cabellos, porque se conociesen que eran súbditos del Cuzco; porque los orejones dél, [que] eran los señores y los que lo habían de ser en toda la tierra, tenían tusado el cabello y aguzadas las cabezas para arriba, por la cual señal habían de ser conocidos por toda la tierra cada y cuando que del Cuzco saliesen y por ella pasasen. Al

96 Omarimequis, en n. orig.

mes de noviembre llamó este Señor Cantarayquis.[97] En este mes comienza a hacer la chicha que han de beber en el mes de diciembre y enero, do comienza el año, y hacen la fiesta de los orejones, según que la historia os ha contado.

A los cuales meses Inca Yupanqui nombró en la manera que ya habéis oído, y diciendo a estos señores que cadal mes destos tenía treinta días, y que el año tenía trescientos y sesenta; y porque andando el tiempo no perdiesen la cuenta de estos meses y los tiempos que había de sembrar y hacer las fiestas, que ya les había dicho que había hecho aquellos pachaunanchac, que dice relojes, los cuales había hecho en estos diez días que se tardó en no les querer declarar lo que ya habéis oído; los cuales relojes es desta manera: Que todas las mañanas y tardes miraba el Sol en todos los meses del año mirando los tiempos del sembrar y coger, y asimismo cuando el Sol se ponía; y asimismo miraba la Luna cuando era nueva y llena y menguante; los cuales relojes hacía hacer encima de los cerros más altos a la parte do el Sol salía y a la parte donde se pone...

Aquí termina bruscamente la copia manuscrita de que me sirvo, y esta sensible circunstancia, sobre privarnos del resto de la Suma y narración de los Incas, me impide a mí poner en su propio lugar una extensa nota sobre los meses peruanos; pues, poco seguro de haber restituido a sus nombres la forma que tenían en el original, quiero suplir el defecto con la serie comparativa de las variantes con que los hallo escritos en los tratados que he podido consultar. Vaya por consiguiente la nota, ya que no en su sitio, a modo de añadido o apéndice postrero.

97 Cataraquis, en n. orig.

No todos los autores están conformes en el mes que era cabeza de año, y así, pongo al lado de cada nombre de los doce nuestros, el número ordinal correspondiente en el año de los Incas.

JUAN DE BETÁNZOS.
2.º Enero... Cóyquis [Coyáquis?].
3.º Febrero... Ccollappoccóyquis.
4.º Marzo... Pachappoccóyquis.
5.º Abril... Ayrihuáquis.
6.º Mayo... Aymoráiquis quilla.
7.º Junio... Hátun Cosqui quíllan.
8.º Julio... Cahuárquis.
9.º Agosto... Capacsíquis.
10.º Setiembre... Cituáyquis.
11.º Octubre... Omaraymíquis.
12.º Noviembre... Cantaráyquis.
1.º Diciembre... Puccuyquillaimi [Puccuyquilla raimi?]

DIEGO FERNÁNDEZ DE PALENCIA.
(Historia del Perú.)
8.º Enero... Pura Opiáyquiz.
9.º Febrero... Cac Máyquiz.
10.º Marzo... Pauca Ruaráyquiz [Páucar Uaráyquiz].
11.º Abril... Ariguáquiz.
12.º Mayo... Aymuráyquiz.
1.º Junio... Áucay Cuxqui.
2.º Julio... Chaguar Uáyques.
3.º Agosto... Cituáquiz.
4.º Setiembre... Puzquáyquiz.
5.º Octubre... Cantaráyquiz. (Aunque Fernández no explica este nombre, viene de cantaray, una manera de hacer la

chicha que se consumía en la gran fiesta de Capac Raimi. Así lo dice el P. Molina.)

6.º Noviembre... Layméquiz [Raymíquiz].

7.º Diciembre... Camáyquiz.

P. CRISTÓBAL DE MOLINA.

(Fábulas y ritos de los Incas.)

9.º Enero... Átun pucuy.

10.º Febrero... Pacha pucu.

11.º Marzo... Páucar huara.

12.º Abril... Ayrihuay.

1.º Mayo... Haucay llusqui.

2.º Junio... Cahuay o Chahuarhuay.

3.º Julio... Moron Pasa o Tarpuiquilla.

4.º Agosto... Coya raymi.

5.º Setiembre... Omac raymi.

6.º Octubre... Ayarmaca raymi.

7.º Noviembre... Capac raymi.

8.º Diciembre... Camay quilla.

P. JUAN DE VELASCO.

(Historia de Quito.)

2.º Enero... Uchug pucuy o Colla pucuy.

3.º Febrero... Átun pucuy.

4.º Marzo... Páucar huátay. (Velasco dice que debe escribirse huatay y no huaray, porque según él, este mes ataba la primavera con el resto del año. Pero todos los demás escritores están conformes en que es huaray, a causa del huarachicuy, o fiesta de los huaras, pañetes, zaragüelles o calzoncillos, que en dicho mes se celebraba.)

5.º Abril... Ayrihua.

6.º Mayo... Aymuray, Cusqui.

7.° Junio... Inti Raimi.

9.° Julio... Anta Citua.

9.° Agosto... Capac Citua.

10.° Setiembre... Uma Raimi, Coya Raimi. (El nombre de Uma Raimi lo hace derivar de uma, cabeza, encabezamiento; suponiendo, sin razón ni prueba alguna, que en ese mes se hacía uno de todo el imperio. Betánzos y el P. Molina convienen en que setiembre se llamaba así por los Omas o Umas, pueblo de los cercanos al Cuzco, cuya fiesta principal, adoptada o consentida por los incas, se celebraba por aquel tiempo del año, y consistía también en ponerse las huaras, bragas o zaragüelles.)

11.° Octubre... Ayarmaca. (Derívalo de aya, muerto, y asegura que en él se celebraba la Conmemoración de los Difuntos; pero viene del nombre de otro pueblo de los alrededores del Cuzco, Ayarmaca, que tenía su fiesta en este mes; la cual estaba en el mismo caso que la de los Omas. El P. Molina lo dice así expresamente.)

12.° Noviembre... Capac Raimi.

1.° Diciembre... Raimi.

Mariano I. De Rivero y Diego Tschudi

(Antigüedades peruanas.) Comienzan estos autores el capítulo de los meses peruanos con las siguientes palabras: «Seguimos la etimología derivada de la lengua quíchua; mas, como hay otra cuyo origen es menos claro, no siendo quíchua pero ni perteneciente a otra lengua vecina, hemos creído conveniente citar al fin de cada mes estos nombres particulares.»—Los cuales, en verdad sea dicho, son los mismos que da Fernández de Palencia, copiados tan a la letra, que no se salvan muchos de sus evidentes errores de ortografía o de impresión. Por lo demás, en la mayor parte de ellos no hay de extraño a la lengua quíchua más que la terminación quis o quiz; sus raíces se descubren en algunos fácilmente y pueden encontrarse, teniendo la práctica que yo no tengo, en los vocabularios de aquel idioma.

Más adelante añaden los señores Ribero y Tschudi «que los incas contaban los meses desde el 20, 21 o 22, según el solsticio, hasta el mismo día del mes siguiente; de modo que el mes que llamamos Raymi, incluye 21 días de enero.» De aquí el que en los autores que antes copio, por no tomar algunos en cuenta esta circunstancia, se vea corresponder dos meses de los nuestros inmediatos con uno determinado de los incas; por ejemplo: Collappoccóyquis es febrero para Betánzos, y enero para Velasco, y para el P. Mosi (Dic. de la lengua quíchua); Umaraymi, octubre para Betánzos y setiembre para el P. Molina; Aucay Cuxqui, Hátun Cosqui quillan, Haucay Llusqui o Cusqui, junio para Betánzos y Fernández de Palencia, y mayo para el P. Molina y el P. Juan de Velasco, etc.

La tabla de los meses según Ribero y Tschudi, es como sigue:

2.° Enero... Húchhuy-póccoy. Pura Opiáyquiz.

3.° Febrero... Hátun-póccoy. Cac Máyquiz.

4.° Marzo... Páucar-huátay, Páucar huáray. Pacar (así) Ruaráquiz.

5.° Abril... Ayríhuay. Arihuáquiz.

6.° Mayo... Aymuray. Aymuráyquiz.

7.° Junio... Inti-Raymi. Aucay Cuxqui.

8.° Julio... Anta Asitua. Chahuar Huáyquiz.

9.° Agosto... Capac Asitua, Yapay (?) Asitua. Cituáquiz.

10.° Setiembre... Umu-Raymi, Coya-Raymi. Puzcuáyquiz.

11.º Octubre... Aya-marca o Ayar-maca. Cantaráyquiz. (En concepto de los señores Rivero y Tschudi debe ser Aya marca, de aya «muerto» y maca, «llevar en brazos».)

12.º Noviembre... Capac-Raymi. Laiméquiz.

1.º Diciembre... Raymi. Camáiquiz.

Libros a la carta

A la carta es un servicio especializado para
empresas,
librerías,
bibliotecas,
editoriales
y centros de enseñanza;
y permite confeccionar libros que, por su formato y concepción, sirven a los propósitos más específicos de estas instituciones.

Las empresas nos encargan ediciones personalizadas para marketing editorial o para regalos institucionales. Y los interesados solicitan, a título personal, ediciones antiguas, o no disponibles en el mercado; y las acompañan con notas y comentarios críticos.

Las ediciones tienen como apoyo un libro de estilo con todo tipo de referencias sobre los criterios de tratamiento tipográfico aplicados a nuestros libros que puede ser consultado en Linkgua-ediciones.com.

Linkgua edita por encargo diferentes versiones de una misma obra con distintos tratamientos ortotipográficos (actualizaciones de carácter divulgativo de un clásico, o versiones estrictamente fieles a la edición original de referencia).

Este servicio de ediciones a la carta le permitirá, si usted se dedica a la enseñanza, tener una forma de hacer pública su interpretación de un texto y, sobre una versión digitalizada «base», usted podrá introducir interpretaciones del texto fuente. Es un tópico que los profesores denuncien en clase los desmanes de una edición, o vayan comentando errores de interpretación de un texto y esta es una solución útil a esa necesidad del mundo académico.

Asimismo publicamos de manera sistemática, en un mismo catálogo, tesis doctorales y actas de congresos académicos, que son distribuidas a través de nuestra Web.

El servicio de «libros a la carta» funciona de dos formas.

1. Tenemos un fondo de libros digitalizados que usted puede personalizar en tiradas de al menos cinco ejemplares. Estas personalizaciones pueden ser de todo tipo: añadir notas de clase para uso de un grupo de estudiantes, introducir logos corporativos para uso con fines de marketing empresarial, etc. etc.

2. Buscamos libros descatalogados de otras editoriales y los reeditamos en tiradas cortas a petición de un cliente.

www.ingramcontent.com/pod-product-compliance
Lightning Source LLC
La Vergne TN
LVHW101922220826
846093LV00009B/333

* 9 7 8 8 4 9 0 0 7 1 8 4 7 *